提高孩子观察力的图形思维游戏

于 雷 编著

清华大学出版社

北 京

内 容 简 介

　　图形思维游戏是一种直观的思维训练游戏，就是通过一些几何图形、线条、色块、图像等形式来锻炼我们的观察力、思考力、记忆力以及逻辑推理能力。本书精选了数百个图形思维游戏，其中有很大一部分都是非常经典的作品，希望通过这些游戏可以让我们学会观察和思考。

　　本书的适读对象主要包括那些喜欢观察和思考、希望锻炼和提高自己的观察能力和逻辑思维能力的青少年学生、刚毕业的大学生、参加工作的白领等，尤其是那些学有余力的中小学生。

图书在版编目(CIP)数据

提高孩子观察力的图形思维游戏/于雷编著. --北京：清华大学出版社，2013(2019.6 重印)
ISBN 978-7-302-32912-1

Ⅰ. ①提…　Ⅱ. ①于…　Ⅲ. ①智力游戏—青年读物 ②智力游戏—少年读物　Ⅳ. ①G898.2

中国版本图书馆 CIP 数据核字(2013)第 136933 号

责任编辑：杨作梅
封面设计：杨玉兰
责任校对：李玉萍
责任印制：杨　艳

出版发行：清华大学出版社
　　　　　网　　　址：http://www.tup.com.cn, http://www.wqbook.com
　　　　　地　　　址：北京清华大学学研大厦 A 座　　　　邮　　编：100084
　　　　　社 总 机：010-62770175　　　　　　　　　　　邮　　购：010-62786544
　　　　　投稿与读者服务：010-62776969, c-service@tup.tsinghua.edu.cn
　　　　　质量反馈：010-62772015, zhiliang@tup.tsinghua.edu.cn
　　　　　课件下载：http://www.tup.com.cn, 010-62791865
印 装 者：天津画中画印刷有限公司
经　　销：全国新华书店
开　　本：170mm×240mm　　印　张：16.5　　　　字　　数：272 千字
版　　次：2013 年 8 月第 1 版　　　　　　　　　印　　次：2019 年 6 月第 3 次印刷
定　　价：41.00 元

产品编号：052605-02

前　言

　　观察力不仅仅是指观察，它还包括理解、判断、分析、逻辑及推理等一系列过程。观察力的训练是指观察了解新奇事物的内在实质，在观察过程中需要对观察对象的形象、声音、气味、规则、原理等有更加深入的认识。

　　相信很多人都看过《福尔摩斯探案集》，里面提到福尔摩斯初次与华生见面时，就能够很快知道他是一名去过阿富汗的军医。福尔摩斯为什么能够做到这一点呢？没错，就是因为他有着出众的观察力。也正因为这一点，福尔摩斯才能在众多案件中很快找出破绽，还原事情的真相。

　　此外，观察力对学习自然科学的人来说，同样非常重要。在学生学习和解题的过程中，敏锐的观察力可以让他们更容易理解和发现自然科学知识中的内在关联，看清和明白所提问题的实质，从而提高学习成绩。

　　一个人的观察能力并不是与生俱来的，要靠平时一点点的学习和积累来培养和锻炼。特别是通过一道道几何形式的图形思维游戏来锻炼，可以让我们养成自觉认真地观察各种事物的习惯。

　　本书的作者陈一婧、龚宇华、于雷、李志新、于艳苓、何正雄、叶淑英、于艳华、宋蓉珍、宋淑珍(排名不分先后)等人，精心编选了400多道图形思维游戏题，其中很多都是世界闻名的经典题目。希望通过这些图形思维游戏的练习，可以让孩子发现图形和数字之间的联系，找到最关键的解题线索，打破思维定式，提升观察力、培养逻辑力、训练推理力、增进创新力、加强判断力、拓展想象力。

　　德国著名数学家希尔伯特曾说：几何图形是画出来的公式。我们在解决这些图形问题和空间问题时，需要将观察能力与逻辑分析能力有机地结合在一起。

　　让孩子成长和成才是每一位家长和老师的心愿。我们要运用孩子更容易理解和接受的方式和方法教育孩子。无疑，思维游戏就是一个非常有效的方法。思维游戏为我们提供了最好的训练思维的方法，无论多么杰出的教育都比不上游戏对智力的影响。只有让孩子的思维锻炼得活跃起来，孩子的头脑才能更加聪明、有条理，才能不断进步，这远远比获得一份优异的成绩重要得多。

　　我们深信一句话：思维是玩出来的，逻辑是练出来的，头脑就是这样变聪明的！

编　者

目　　录

第一篇

视觉误差

1. 灰色条纹

下图中两个灰色的竖条纹的色度是一样还是不一样呢？

2. 深度

下图中心的小正方形中的灰色比大正方形中的灰色更深一些吗？

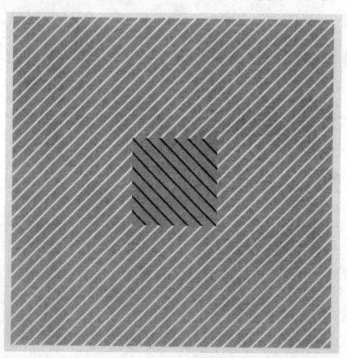

3. 颜色深浅

仔细观察下图，两个大方块中间的小灰色方块的颜色哪个更深一些？

4. 高帽

下图中帽子的高度是不是比宽度长？

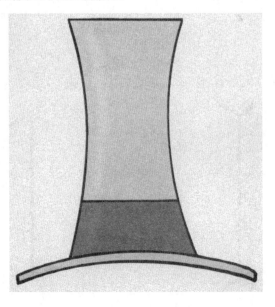

5. 正弦波幻觉

下图是一幅由若干条竖线组成的正弦波，现在请你判断一下，图中哪些竖线更长一些，哪些则比较短？

4

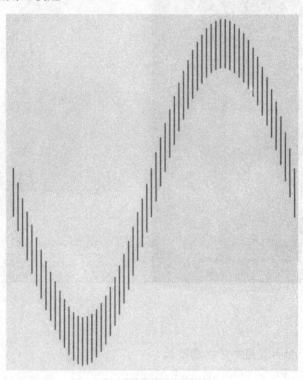

6. 长短

判断图中两条线段是否一样长，想想是什么影响了我们大脑的判断？

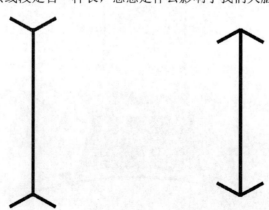

7. 线段

观察下图，判断线段 AB 和线段 BC 哪一个更长？

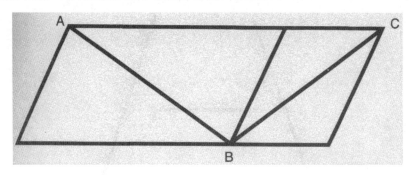

8. 梯形错觉

下图中，请比较两个梯形的上底哪条线显得更长一些？

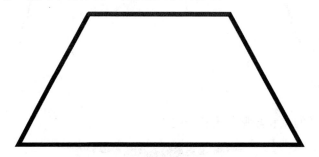

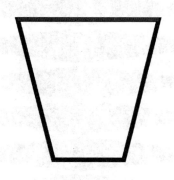

9. 八字错觉

仔细观察下图，请说出下图中间两条横线哪条更长一些？

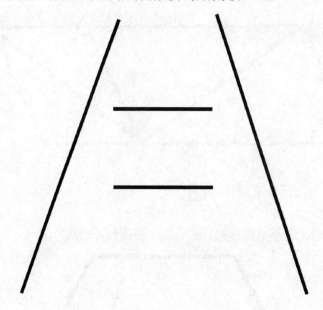

10. 高度幻觉

请说出下图的宽和高哪个更长一些？

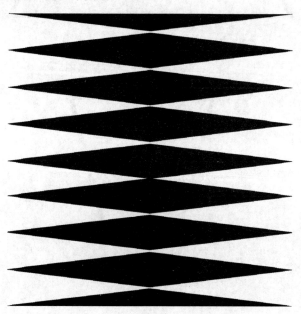

11. 三角形错觉

下图中，请比较三角形中间的竖线和左侧边上的斜线哪个看起来更长些？

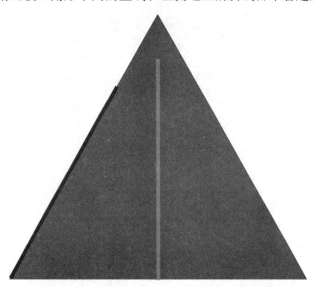

12. 距离错觉

观察下图，请问这个三角形中间的圆点距三角形的底边远还是距顶点远？

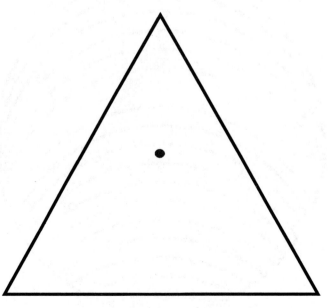

13. 拖兰斯肯弯曲错觉

下图的三条圆弧中，哪条线的曲线半径最大？

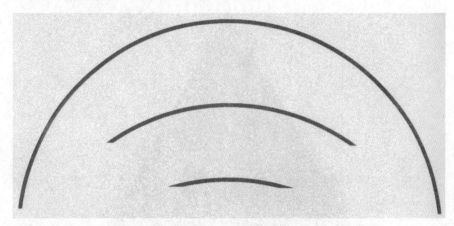

14. 圆心在哪里

下图的圆上有一条弧线通过了这个圆的圆心，不用任何测量工具你能确定是哪条弧线吗？

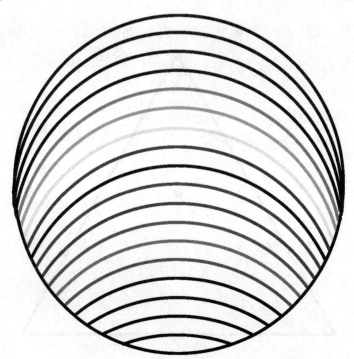

15. 埃冰斯幻觉

仔细观察下图，左右两幅图中中间的圆圈哪个看起来更大些？

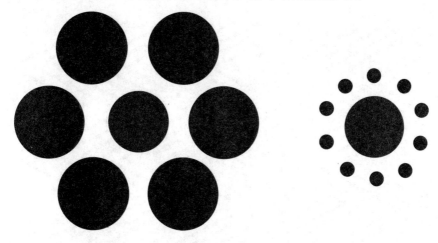

16. 谢泼德桌面

下图中这两个桌子的桌面大小、形状完全一样。你相信吗？如果你不信，量量桌面轮廓，看看是不是。

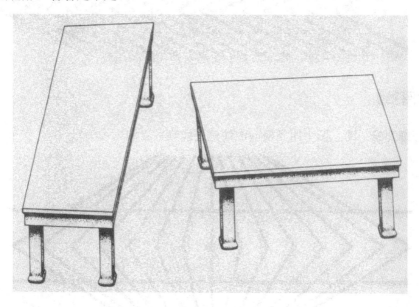

17. 平行

仔细观察下面的图片，请判断这些水平线是平行的吗？

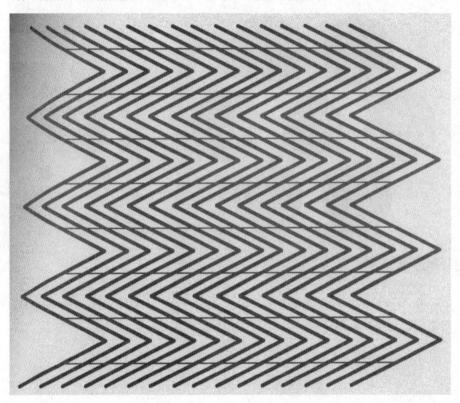

18. 平行线

仔细观察下图，图中两条横向的线是直线吗？它们平行吗？

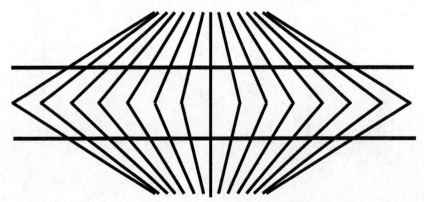

19. 曲线幻觉

仔细观察下图，这些竖线是弯曲的还是笔直的呢？

20. 不平行错觉

下面这幅图中的横线是相互平行的吗？

21. 平行还是相交

下图中沿对角线方向的七条斜线是相互平行的还是相交的？

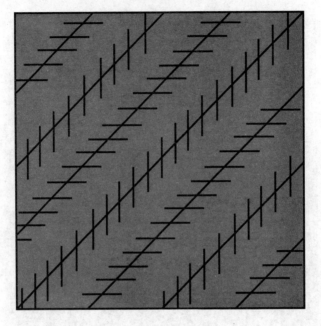

22. 策尔纳幻觉

下图中水平线是笔直而平行的吗？还是互成一定的角度呢？

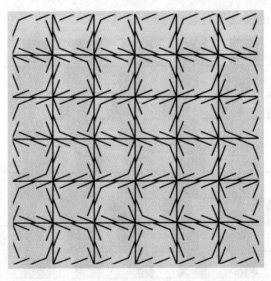

23. 这些线平行吗

仔细观察下图，这些横竖方向的线是直线吗？它们平行吗？

24. 是正方形吗

在下图中，圆环上的图形是一个正方形吗？请你最好用直尺量量看。

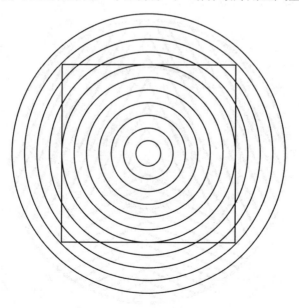

25. 这是个圆吗

观察这幅图，判断中间的那个圈是标准的圆形吗？

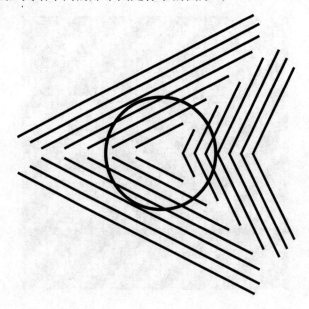

26. 圆怎么变成了心形

观察下图，这三个圆看上去是不是有点像心形？

27. 弗雷泽螺旋

仔细观察这个图形，它是一个螺旋吗？你能找到螺旋的中心吗？

28. 缠绕

下图中这些圆圈是相互交叉的圆还是同心圆？

29. 螺旋

仔细观察这幅图，这个螺旋线的中心在哪里？

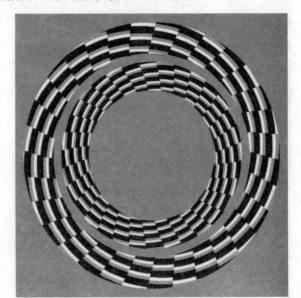

30. 克塔卡螺旋

仔细观察这个图形，它是一个螺旋吗？

31. 韦德螺旋

判断下面的图形，这真是一个螺旋吗？

32. 切斯塞尔幻觉

判断图中这些图形是完全的正方形吗？

33. 曲线错觉

仔细观察下图，你能看出周围的那些图形都是标准的圆形吗？不信就仔细看看吧。

34. 连续线幻觉

你能在下图中找到多少个正方形？

35. 黑林幻觉

仔细观察这幅图，竖着的两条黑线看起来是不是向外弯曲的？

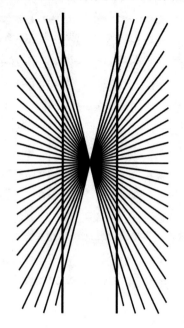

36. 奥毕森幻觉

仔细观察下面的图形，中间四条直线组成的图形是正方形还是梯形？

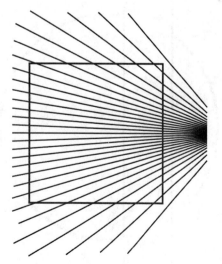

37. 方格幻觉

仔细观察下图，这些大正方形是不是有点变形？

38. 伯根道夫环形错觉

仔细观察下图，圆圈缺口部分的两端能完整地接上吗？

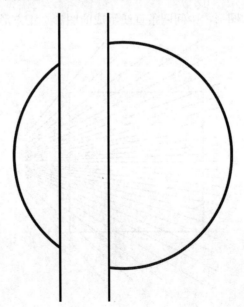

39. 伯根道夫共线错觉

下图中，与左上角的直线共线的是哪根线？先凭直觉判断，然后再用直尺验证一下你的判断。大多数人都会判断错。

40. 盒子错觉

在立方体侧面的这个图形中，哪条线与竖线垂直？哪条线不与竖线垂直？把立方体的边线遮住，我们就会发现自己的感知发生了变化。

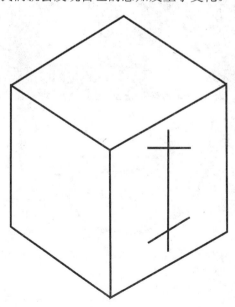

41. 庞泽幻觉

下图中的五个圆在一条直线上吗？

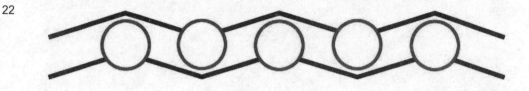

42. 不共线错觉

下图中人物的两只眼睛看起来排错了吗？那就请你用直尺检查一下吧。

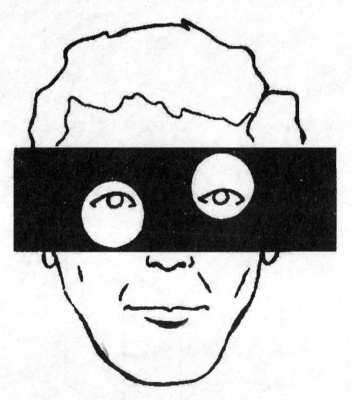

43. 康斯威特方块

下图中，白色和黑色正方形围起来的两块灰色区域看起来哪个更亮一些？

44. 消磨亮度幻觉

在黑与白之间渐变的颜色我们称之为"云"。下图中"云"中心的黑白方块和其他的同色方块的明亮度是不同的吗？

45. 色度错觉

下图中，区域 A 和区域 B 的灰度哪个更深一些？

46. 蒙德里恩幻觉

下图中，两个箭头所指向的两段不同的黑色条纹，上段是不是看起来比下段暗一些？

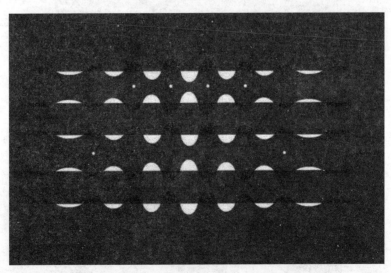

47. 共时对照幻觉

下图中，黑线条交叉处的白点是不是显得比白色方格更白、更亮一些？

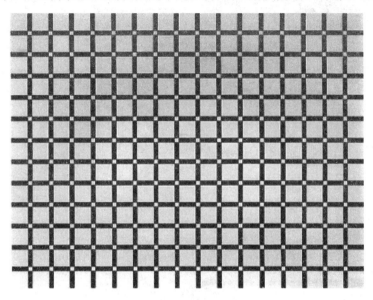

48. 冯特区域错觉

仔细观察下图中两个不同颜色的弧形物体，它们哪个的长度和半径要更大一些？

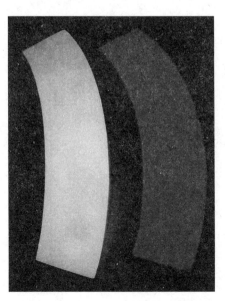

49. 冯特色块错觉

仔细观察下图，请把 A、B、C、D、E 五个色块按照从大到小的顺序排列出来。

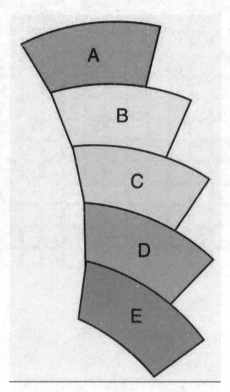

第二篇

不可能图形

50. 大象的腿

仔细观察下图，数一数，看看你能弄得清这只大象到底是几只脚吗？

51. 这是什么结构

数一数，下图中一共有几根并排的木棍？

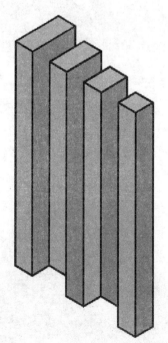

52. 不可能的叉子

让我们来数一下，下图中这个叉子有几个分岔？

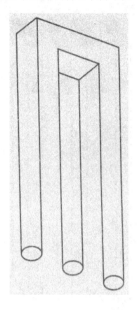

53. 筷子三塔

能看出这幅图有什么特别之处吗？图中到底有几根筷子？

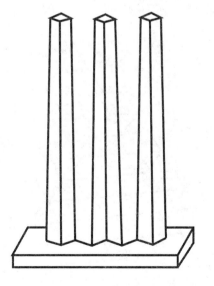

54. 三个还是四个

仔细观察下面这幅图，它有什么不对劲的地方吗？

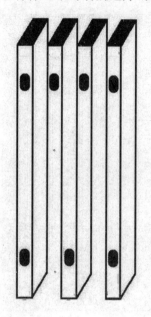

55. 奇特的烤肉串

下图中，这个烤肉串奇特在哪里？你发现了吗？

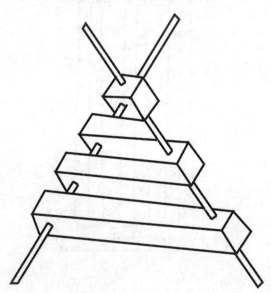

56. 难以捉摸的拱

仔细观察下图，你能想清楚这个图形的结构吗？

57. 凯旋门

仔细观察下面的图片，上面的这座"凯旋门"到底是面向哪个方向？

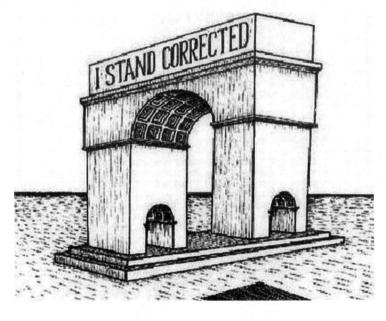

58. 不可能的建筑

仔细观察下图中这个建筑，它有什么不对劲的地方吗？

59. 错觉

仔细观察下图中的这个小吃摊，你发现它有什么不对劲的地方吗？

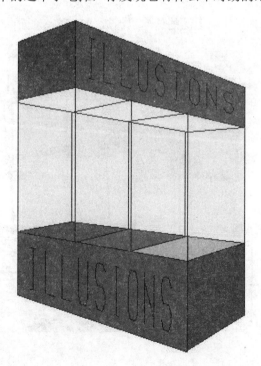

60. 巨石

　　细看这幅图中三个光亮的开口处，这种建筑从科学的角度上来说可能吗？试着盖住图片的上半部分，再仔细察看一遍，然后再盖住图的下半部分观察，有什么奇异的事吗？

61. 两列火车会相撞吗

　　仔细观察下面这幅图，两幅画中开出来的火车会相撞吗？

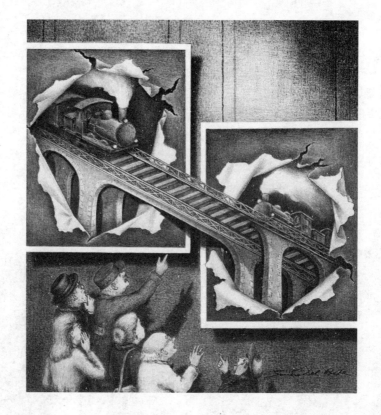

62. 昼与夜

仔细观察下面这幅图，你能发现它有什么特别的地方吗？

63. 天与水

仔细观察下面这幅图，你能发现它有什么特别的地方吗？

64. 变形

仔细观察下面这幅图，你能发现它有什么特别的地方吗？

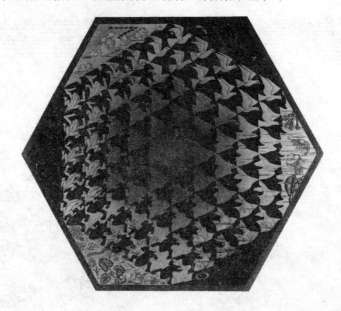

65. 渐变

仔细观察下面这幅图，你能发现它有什么特别的地方吗？

66. 鱼与鸟

仔细观察下面这幅图，你能发现它有什么特别的地方吗？

67. 不可能三角

仔细观察下图，你觉得这个图形在现实中可能存在吗？

68. 扭曲的三角形(1)

下图是由瑞典艺术家奥斯卡·路透斯沃德创作的一幅三角形精简图。这个三角形有可能存在吗？

69. 扭曲的三角形(2)

下面这幅图有问题吗？

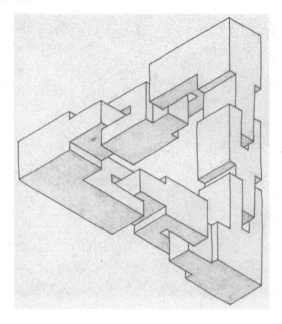

70. 扭曲的三角形(3)

仔细观察下图，你能看清楚它的结构吗？

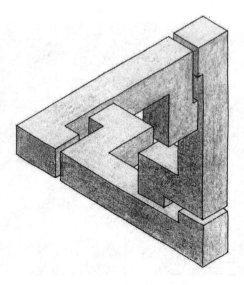

71. 扭曲的三角形(4)

我们已经知道下图中是个不可能存在的三角形，但是它到底是怎么做出来的呢？

72. 疯狂的木箱

汉斯·舍帕克创造了下图中这个著名的不可能模型——"疯狂的木箱"。你知道他是如何制作出来的吗？

73. 疯狂的板条箱

下图是美国魔术师杰瑞·安德鲁斯根据埃舍尔"不可能的盒子"制作的一个魔术道具——"疯狂的板条箱"。你知道他是如何做到的吗？

74. 不可能的鸟笼

仔细观察下面这幅图，这个鸟笼有什么特别之处吗？

75. 不可能的螺丝帽

仔细观察下图中的螺丝帽，它有什么特别之处吗？

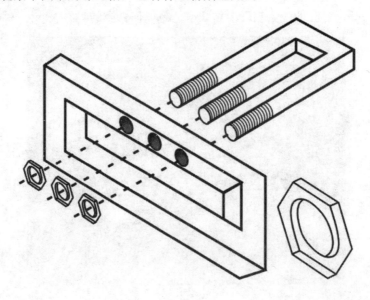

76. 疯狂的螺帽

你知道下图中的钢棒是怎样神奇地穿过这两个看似呈直角的螺帽孔的吗？

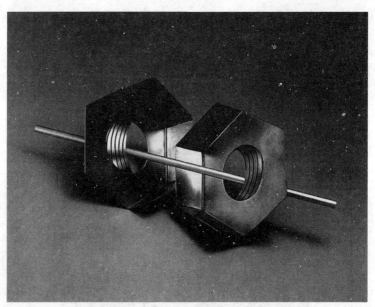

77. 不可能的楼梯

仔细观察下面这幅图，这个楼梯可能存在吗？

78. 彭罗斯台阶

仔细观察下面这幅图，走这个奇怪的楼梯会发生什么？最低一级和最高一级台阶分别在哪儿？

79. 天梯

下图中的这个人能走到尽头吗？

80. 迷宫

仔细观察下面这幅图，你发现它有什么特别的地方了吗？

81. 不可能的书架

仔细观察下面这幅图，这个架子到底有几层呢？

82. 不可能的架子

下图中这两个小孩究竟坐在了哪里？

83. 不可能的棋盘(1)

仔细观察下面这幅图，想一想，真的有这样的棋盘吗？它是怎样实现的？

84. 不可能的棋盘(2)

仔细观察下面这幅图，想一想，真的有这样的棋盘吗？它是怎样实现的？

85. 反射错觉

仔细观察下面这幅图，这是什么建筑？

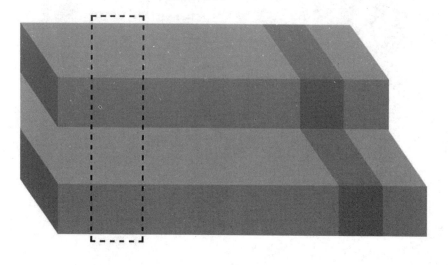

86. 望楼

仔细观察下面这幅图，你能发现它有什么特别的地方吗？

87. 观景楼

这个建筑是根据上面的图画建造出来的实物，仔细观察，你能发现它有什么不对劲的地方吗？

88. 上升和下降

仔细观察下面这幅图，你能发现它有什么特别的地方吗？

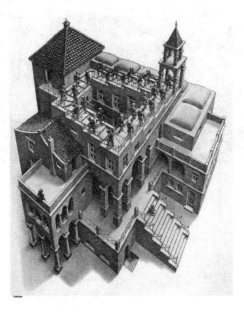

89. 瀑布

仔细观察下面这幅图，你能发现它有什么特别的地方吗？

90. 上与下

仔细观察下面这幅图，你能发现它有什么特别的地方吗？

91. 楼梯

仔细观察下面这幅图，你能发现它有什么特别的地方吗？

92. 相对性

仔细观察下面这幅图，你能发现它有什么特别的地方吗？

93. 手画手

仔细观察下面这幅图，你能发现它有什么特别的地方吗？哪个才是画者的手？

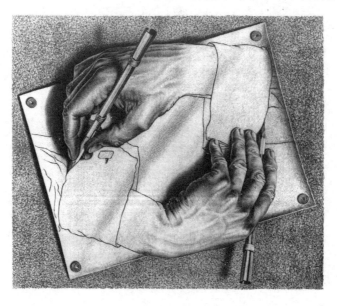

94. 扭曲

你能看出下面这个图形是怎样实现的吗？

95. 不可能的环

仔细观察下面这幅图，你能看清楚它的结构吗？

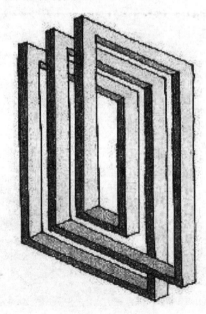

96. 曲折的悖论

仔细观察下面这幅图，这个奇怪的结真的存在吗？

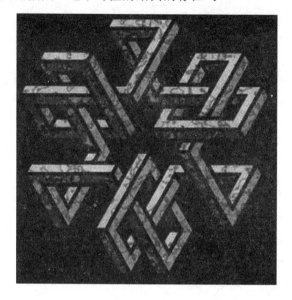

97. 不可能的曲折

仔细观察下面这幅图，这个结构可能吗？

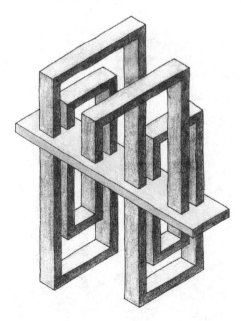

98. 紧密的加压器

仔细观察下面这幅图，你能发现它有什么不对的地方吗？

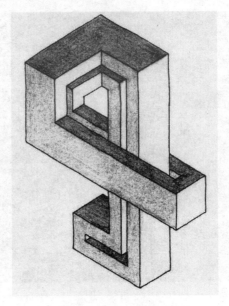

99. 嵌套

你能看出下面这幅图有什么问题吗？这是怎么回事呢？

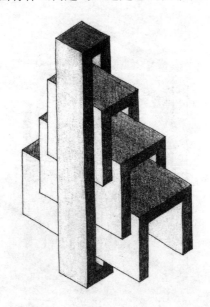

100. 来梯斯栅栏的士兵

仔细观察下面这幅图，它有什么特别的地方吗？

101. 罗密欧与朱丽叶

仔细观察下面这幅图，这个相框到底是朝向哪个方向？它有什么不对劲的地方吗？

102. 莫比乌斯带(1)

仔细观察下面这幅图，你能发现它有什么特别的地方吗？

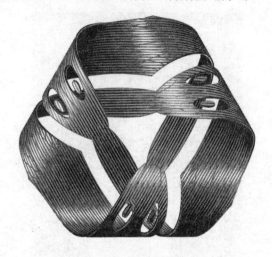

103. 莫比乌斯带(2)

仔细观察下面这幅图，你能发现它有什么特别的地方吗？

104. 椭圆

仔细观察下面这幅图，这个椭圆是躺着的还是立着的？

105. 不可能的交叉

仔细观察下面这幅图，你发现有什么不对劲的地方了吗？

第三篇

眼睛的幻觉

106. 网格错觉

在下面这幅图中，黑方格交错的地方你是否看到了黑点？数一数共有多少个？

107. 闪烁的点

你看到下图中有一些闪烁的黑点了吗？

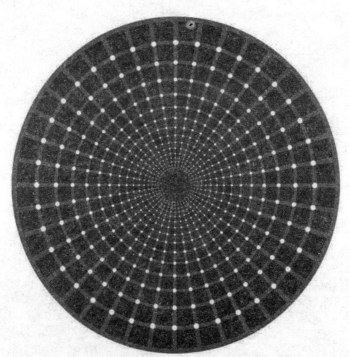

108. 幻觉产生幻觉

你看到下图中一个个白色的圆圈了吗？还有那些交叉位置的白点？

109. BBC 墙板

观察下面这幅图，你能看到这些平行线柱之间空白处有一些黑点在上下跳动吗？

110. 虚幻的圆

在下面这幅图中，你能看到一个圆圈吗？

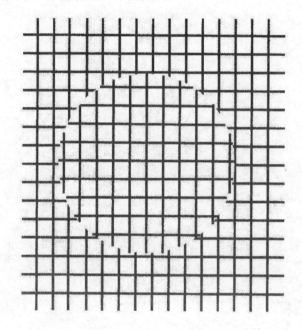

111. 注意力幻觉

集中注意力盯着下图中心的小黑点，前后移动你的头部，你看到了什么？

112. 旋转斜线错觉

　　眼睛盯着下图中间的黑点，然后将你的头部靠近书，或者在你靠近书之后逐渐远离，这时你发现了什么？它动了吗？

113. 麦凯射线

眼睛盯着下面这幅图的圆心，留意一下它的周围，它动了吗？

114. 运动错觉

这是一幅静态的图片，但当你转动眼睛时，你发现了什么？它动起来了吗？

115. 旋转

下图是一幅静态的图片，但当你转动眼睛，或者前后运动你的头时，你能发现它动起来了吗？

第三篇　眼睛的幻觉

116. 交通错觉

盯着下图中心紫色的圆点看，你发现周围三个紫色同心圆上好像有什么东西在旋转吗？

117. 水路螺旋

盯着下图中这个螺旋的中心，你能看到这个蓝色螺旋线上好像有什么东西在运动吗？

118. 它动了吗

仔细观察下面这幅图，你看到它动起来了吗？

119. 咖啡店幻觉

仅凭眼睛判断，下图中心的方块是凸出来的吗？然后再用直尺检查一下。

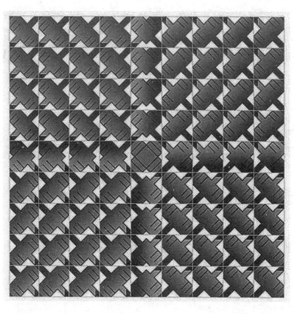

120. 凯淘卡波

仔细观察下图，这些由黑白格子构成的横竖线条是直线还是曲线？

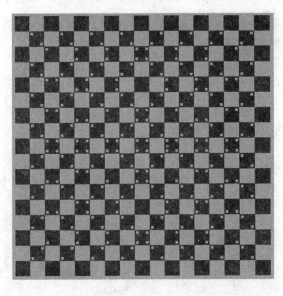

121. 棋子

下图是凯淘卡波的一个变形，你能看到这个图的中间凸起了吗？

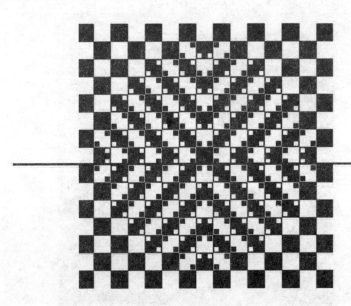

122. 大内错觉

下图是欧普艺术家大内创作的错觉图案。前后移动你的头，并让眼睛在画面上转动，注意中间的圆圈和其背景，它们动起来了吗？

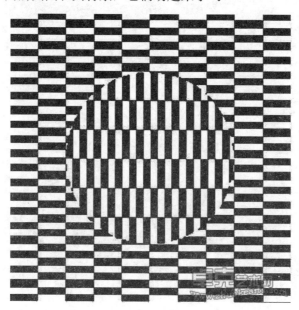

123. 放大

观察下面这幅图，并前后移动你的头，你看到中间的图案变化了吗？

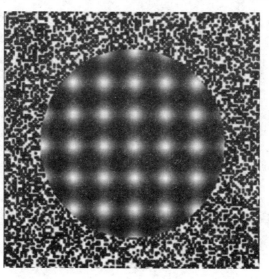

124. 帽针海胆

观察下图，并上下左右移动你的眼球，你看到了什么？

125. 旋转

你能看到下面这幅图片在动吗？

126. 谁在动

看到下图后是不是有天旋地转的感觉，这究竟是怎么一回事？

127. 眩晕

观察下图，它是动的还是静止的？

128. 蠕动

观察下图，它是动的还是静止的？

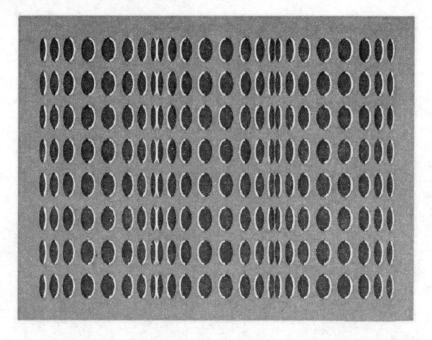

129. 蛇

你看到下图中的这些"蛇"在爬吗？

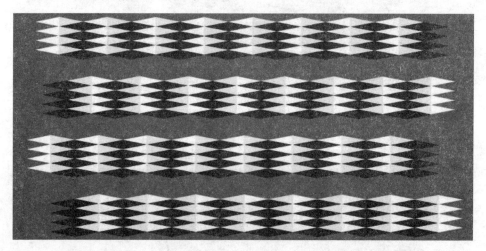

130. 摆动的麦穗

观察下图，它是动的还是静止的？

131. 微波荡漾

观察下图，它是动的还是静止的？

132. 转动

请你观察下面这幅图，你发现了什么？

133. 运动幻觉

观察下面这幅图，你发现它动起来了吗？

134. 运动

请你前后伸伸头，左右挪挪头，在下图中你发现了什么？

135. 莫雷利特蒂雷茨幻觉

环顾下面这幅图形，小圆圈看起来好像忽明忽暗。很神奇吧？

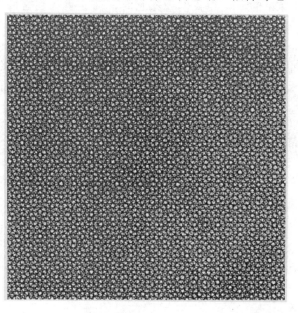

136. 隐藏的圆圈

仔细观察下面这幅图，然后数一数，一共有多少个圆圈？

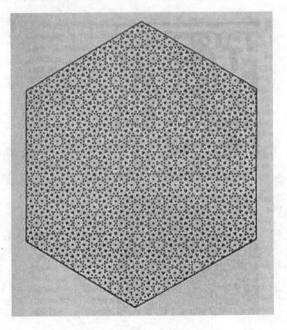

137. 静止还是运动

下图本来是静止的，可当我们观察它时，却能感觉到它们在运动。你发现了吗？

138. 方向余波

　　下图中，盯着左手边的条纹看 30 秒或更久，保持不要动。然后再迅速盯着右手边的条纹看。你发现了什么？

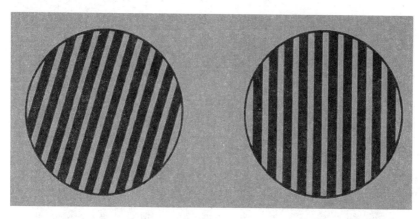

139. 晃动的方格幻觉

　　下图中，这些方格是不是看起来有点彼此倾斜？

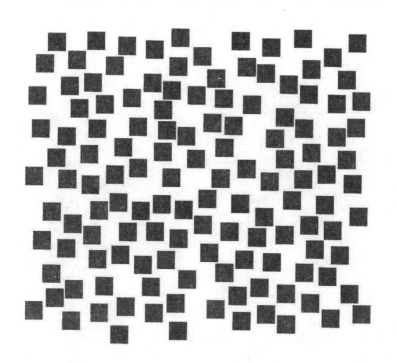

140. 转动的正方形

逐个浏览下图中的正方形，然后用余光留意其他的正方形，你看到它们动了吗？

80

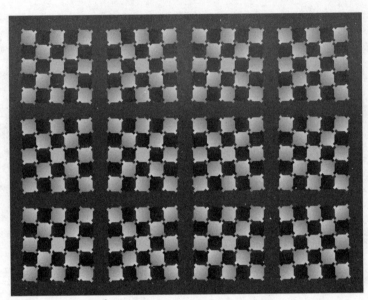

第四篇

观察角度

141. 隐藏的拿破仑

你能在下图中发现站立的拿破仑像吗?

142. 婴儿

这幅画里藏着一个婴儿,你能找到它吗?

143. 紫罗兰的脸

你能在这棵紫罗兰的花和叶子中间找到三个隐藏的侧面人像吗？

144. 公园里的狮子

这座美丽的公园里闯进了一头狮子，你能找到它吗？

145. 钓鱼

你能在下面这幅图中找到一个拿着鱼杆钓鱼的人吗?

146. 多少个人像

仔细观察下面这幅图,你能找出多少个人像?

147. 脸

在下面这幅图中，你能找到几张脸？

148. 鲁宾的面孔

仔细观察下图，你看到的是一个花瓶还是两个人的侧面头像？

149. 花瓶错觉

下面这个花瓶是送给英国伊丽莎白女王二世和她的丈夫菲利普王子的银婚纪念日礼物，据说女王和她的丈夫收到这份礼物非常高兴。你能看出这个花瓶有什么特别之处吗？

150. 栏杆中的人

你能从下图中发现藏在栏杆之间的人形吗？

151. 凯尼泽三角形

你能在下图中找到一个三角形吗？

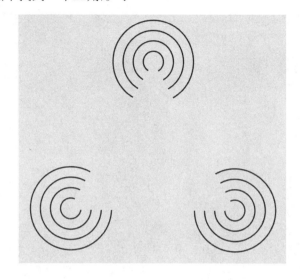

152. 男人还是女人

在下面这幅图中，你看到的是男人的腿还是女人的腿呢？

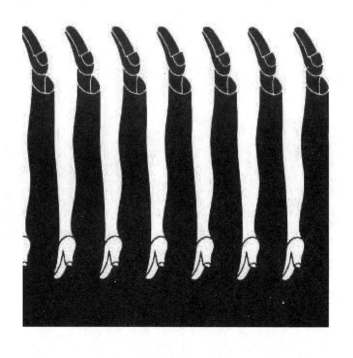

153. 栏杆

下面的这些栏杆有什么特别之处吗？

154. 隐藏的单词

在下面这幅图中，除了一堆黑色的东西外，你能找到一个英文单词吗？

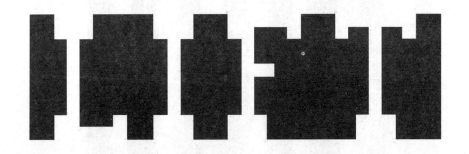

155. 背景幻觉

下面是美国斯坦福心理学家罗杰·谢泼德的作品，叫《节约时间的暗示》。你看到的是排队下楼的人还是上下的箭头？

156. 两套厨房用具

在下面这幅图里你能看到多少厨房用具？

157. 鸟的规则平面镶嵌

仔细观察下面这幅图，你能发现它有什么特别的地方吗？

158. 爬虫的平面镶嵌

仔细观察下面这幅图，你能发现它有什么特别的地方吗？

159. 骑马人的规则平面镶嵌

仔细观察下面这幅图，你能发现它有什么特别的地方吗？

160. 天鹅的规则平面镶嵌

仔细观察下面这幅图，你能发现它有什么特别的地方吗？

161. 释放

仔细观察下面这幅图，你能发现它有什么特别的地方吗？

162. 天鹅

仔细观察下面这幅图，你能发现它有什么特别的地方吗？

163. 有鱼的球面

仔细观察下面这幅图，你能发现它有什么特别的地方吗？

164. 圆盘

仔细观察下面这幅图，你能发现它有什么特别的地方吗？

165. 头像的平面镶嵌

仔细观察下面这幅图，你能发现它有什么特别的地方吗？

166. 鱼的平面镶嵌

仔细观察下面这幅图，你能发现它有什么特别的地方吗？

167. 融合

仔细观察下面这幅图，你能发现它有什么特别的地方吗？

168. 动物的平面镶嵌

仔细观察下面这幅图，你能发现它有什么特别的地方吗？

169. 天使与恶魔

仔细观察下面这幅图，你能发现它有什么特别的地方吗？

170. 爬虫的平面镶嵌

仔细观察下面这幅图，你能发现它有什么特别的地方吗？

171. 不同动物的镶嵌

仔细观察下面这幅图，你能找出多少种动物？

172. 怪物镶嵌

仔细观察下面这幅图，你能发现它有什么特别的地方吗？

173. 骑手

仔细观察下面这幅图，你能发现它有什么特别的地方吗？

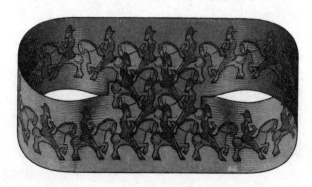

174. 老妇与少女

在下面这幅图中，你看到的是一个少女还是一个老妇？

175. 萨克斯手与美女

下图中你看到的是一个美女还是一个萨克斯手？

176. 圣·乔治和龙

下图中你能既找到圣·乔治的肖像又找到他杀死龙的图画吗？

177. 海神尼普顿

下图中你能找到保卫海洋的海神尼普顿的像吗？

178. 爱之花

下图中你能看到玫瑰花瓣中的两个爱人吗？

179. 舞者与手势

仔细观察下面这幅图，你看到的是什么？手还是舞者？

第五篇

立体思维

180. 内立克立方体组合幻觉

从下面的立方体中随便找一个，仔细观察，想象它的立体形状，然后试着将它颠倒过来，你能做到吗？

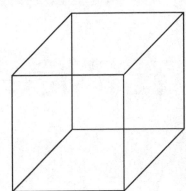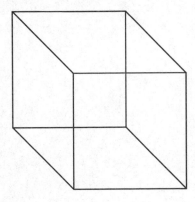

181. 错综复杂的图形

仔细观察下面这幅图，正方形的那个面是朝上还是朝下？

182. 平面还是立体

仔细观察下面这幅图，你看到的是立体的还是平面的？

183. 白方格在第几层

仔细观察下面这幅图，如果把它看成是一幅立体图形，你知道那个白方格在第几层吗？

184. 上升的线

下图中你能使这些线从纸上升起来吗？

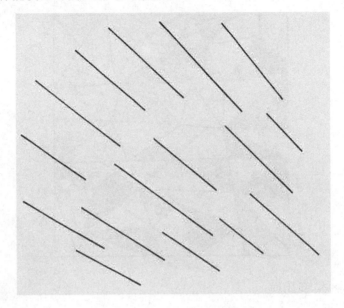

185. 立体线幻觉

把本页的图放平，让它位于眼睛的正下方，脸与图平面成直角。两眼一起看图中的两条竖线，过一会儿，你发现了什么？

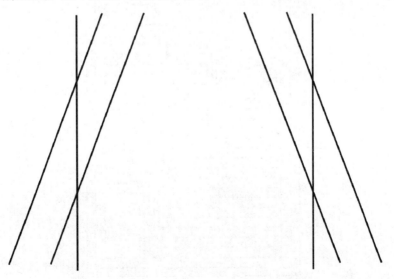

186. 幻想

在下图中你能看到一个立体的人像吗？

187. 球和影的错觉

下面两幅幻觉图中，球相对于背景的位置一样吗？

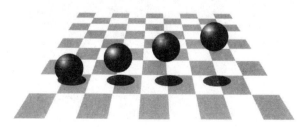

188. 悬浮的花瓶

下图的这个花瓶看起来像是飘浮在地面上，真的如此吗？

189. 透视错觉

请看下面这幅图，这两个方块哪个看上去更高一些？

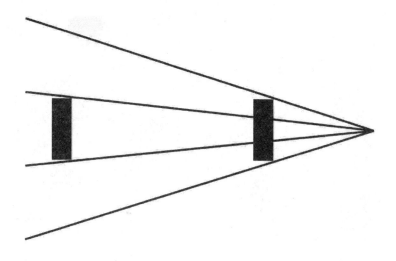

190. 奇怪的门

仔细观察下面这幅图，在上方和下方各有一个黑色的"门"，这两个"门"一样大吗？哪个要高一些？

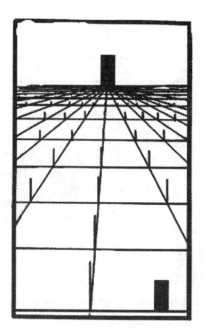

第五篇　立体思维

191. 哪条线段更长

判断下面这幅图中线段 AB 和线段 CD 哪条更长？然后再找个尺子量一下。

192. 隧道

下图中隧道里的三个小人儿，哪个最高？哪个最矮？

193. 恐怖的地下室

下图中，从地下室走廊里跑出来的两个"怪物"，谁大谁小？

194. 渐变

仔细观察下面这幅图，你能发现它有什么特别的地方吗？

195. 透视错误

下面这幅创作于 17 世纪的插画中存在 20 多处透视错误，你能找到几处？

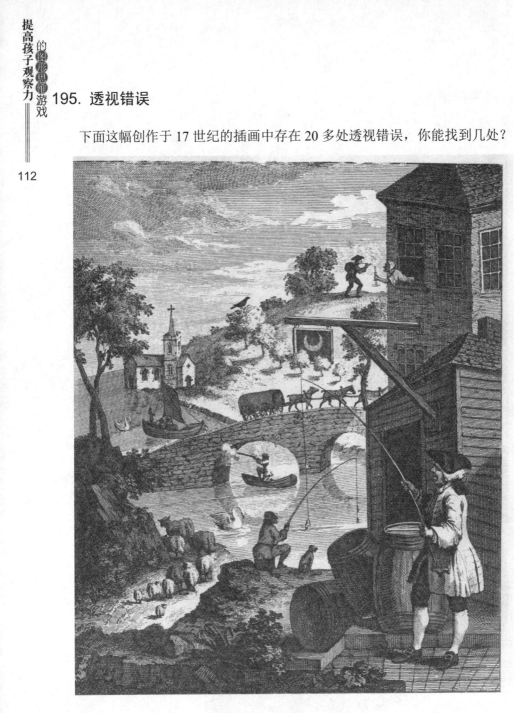

196. 凸与凹

　　仔细观察下面这幅图，你能发现它有什么特别的地方吗？哪些是凹进去的？而哪些又是凸出来的呢？

197. 小巷与宁静生活

　　仔细观察下面这幅图，你能发现它有什么特别的地方吗？

198. 爬虫

这仅仅是一幅画，你相信吗？

199. 相遇

仔细观察下面这幅图，你能发现它有什么特别的地方吗？

200. 月亮错觉

下图中的这两个球，哪个看上去更大一些？

201. 书

仔细观察下面这本书，它是正对着你，还是背对着你的？

202. 阴影

下图中有多少球是凹陷的？多少是凸起的？将图片旋转 180°再数数。

116

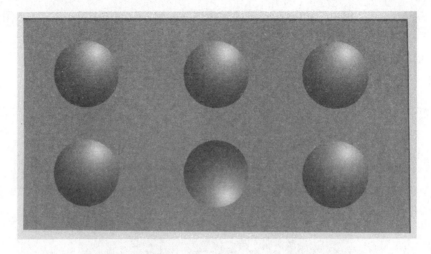

203. 凹凸

仔细观察下面这幅图，中间的长方形是凹进去的还是凸出来的？

204. 凸出来还是凹进去

仔细观察下面这幅图片，它是凸出来的还是凹进去的？

205. 深度错觉

下面的图形既可以看成是凸出来的，也可以看成是凹进去的，而且这些正方体还在不断地变换位置，你知道这是为什么吗？

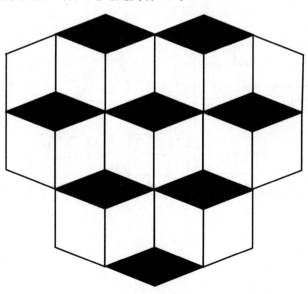

206. 找正确的图形

　　一个人在观察下图中的立体图形时，画下了不同角度的图形。但是其中只有一个是正确的。你知道是哪一个吗？

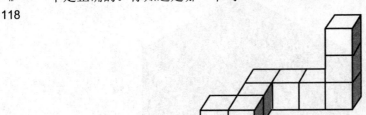

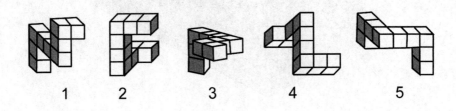

| 1 | 2 | 3 | 4 | 5 |

207. 立方体网格

　　一个立方体有 6 个面，但下面的方格都能构成立方体吗？观察下面的方格，哪些可以构成立方体？

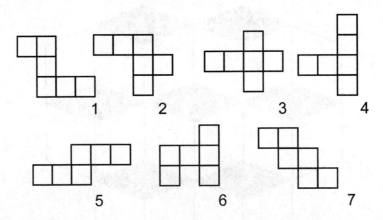

208. 骰子构图

在 A、B、C、D、E 五个骰子中，哪一个是左边的骰面无法构成的？

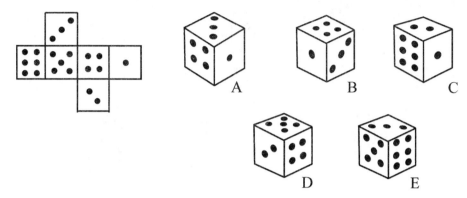

209. 骰子推理

一个立方体的六面，分别写着 a、b、c、d、e、f 六个字母，根据以下 4 张图，推测 b 的对面是什么字母。

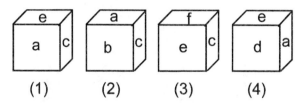

210. 盒子的图案

a、b、c、d 中哪一个盒子是用左边的硬纸折成的？

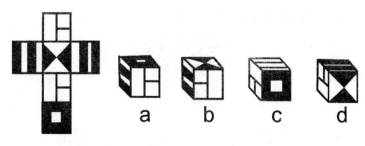

211. 数字立方体

下图的纸片所折成的立方体是哪一个？

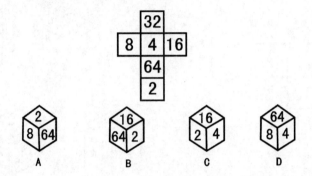

212. 立方体

下图的纸片所折成的立方体是哪一个？

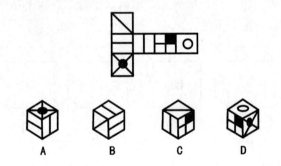

213. 砖块

下图的纸片所折成的长方体是哪一个？

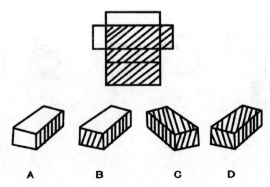

214. 黑白盒子

下图的纸片所折成的立方体是哪一个？

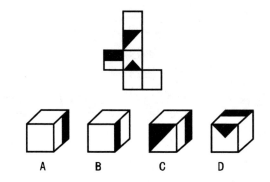

215. 方盒

下图的纸片所折成的立方体是哪一个？

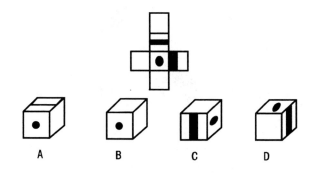

216. 折立方体

下图的纸片所折成的立方体是哪一个？

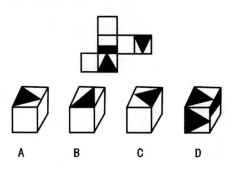

217. 长方体盒子

下图的纸片所折成的长方体是哪一个？

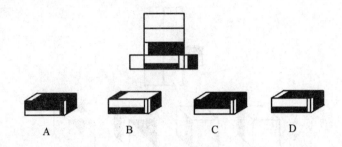

A   B   C   D

218. 折纸盒

下图的纸片所折成的立方体是哪一个？

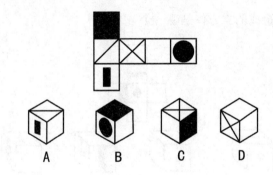

A   B   C   D

219. 折纸

下图的纸片所折成的立体图形是哪一个？

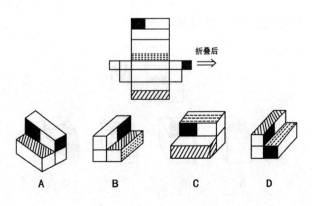

A   B   C   D

220. 不同的角度

下图是四个不同的视角看一个长方体，按这个规律，第五个视角应该是选项中的哪个？

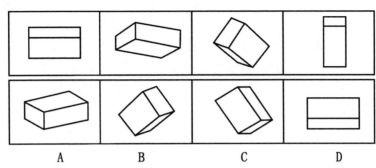

A　　　　B　　　　C　　　　D

第六篇

变化规律

221. 灰色九宫格

从下面几个字母选项中找出一个图形填在上面题目中的问号处，使所给的九个图形符合某一特定的规律。

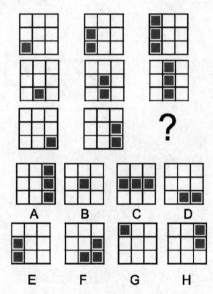

222. 特定的规律

从下面几个字母选项中找出一个图形填在上面题目中的问号处，使所给的九个图形符合某一特定的规律。

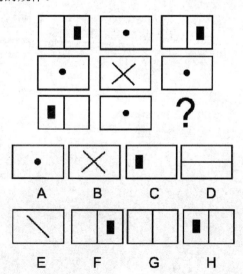

223. 移动

从下面几个字母选项中找出一个图形填在上面题目中的问号处，使所给的九个图形符合某一特定的规律。

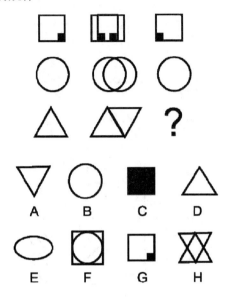

224. 变形

从下面几个字母选项中找出一个图形填在上面题目中的问号处，使所给的九个图形符合某一特定的规律。

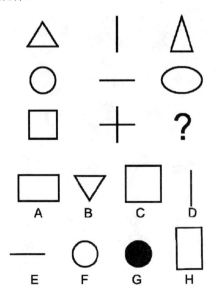

225. 三条直线

从下面几个字母选项中找出一个图形填在上面题目中的问号处，使所给的九个图形符合某一特定的规律。

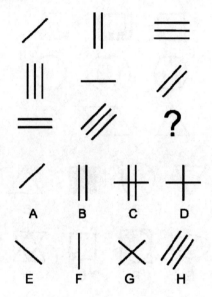

226. 移动的花瓣

从下面几个字母选项中找出一个图形填在上面题目中的问号处，使所给的九个图形符合某一特定的规律。

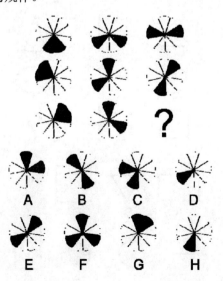

227. 奇怪的规律

从下面几个字母选项中找出一个图形填在上面题目中的问号处，使所给的九个图形符合某一特定的规律。

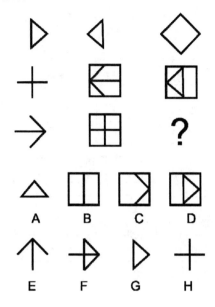

228. 叠加

从下面几个字母选项中找出一个图形填在上面题目中的问号处，使所给的九个图形符合某一特定的规律。

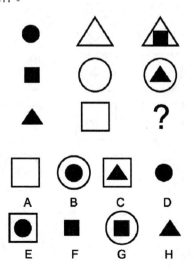

229. 移动的方块

从下面几个字母选项中找出一个图形填在上面题目中的问号处，使所给的九个图形符合某一特定的规律。

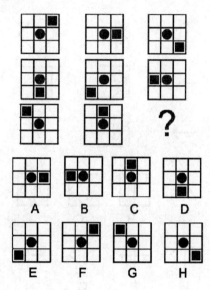

230. 复杂的图形

从下面几个字母选项中找出一个图形填在上面题目中的问号处，使所给的九个图形符合某一特定的规律。

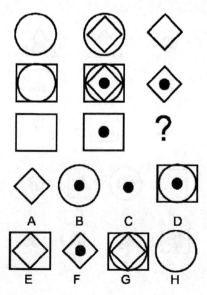

231. 两个方块

从下面几个字母选项中找出一个图形填在上面题目中的问号处，使所给的九个图形符合某一特定的规律。

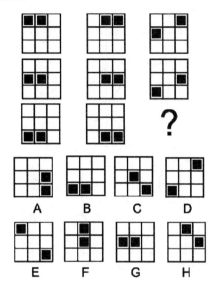

232. 三叶草

从下面几个字母选项中找出一个图形填在上面题目中的问号处，使所给的九个图形符合某一特定的规律。

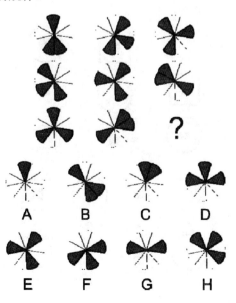

233. 准星

从下面几个字母选项中找出一个图形填在上面题目中的问号处，使所给的九个图形符合某一特定的规律。

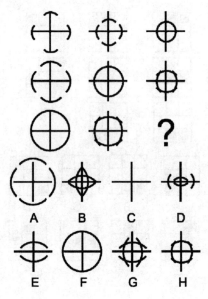

234. 黑与白

从下面几个字母选项中找出一个图形填在上面题目中的问号处，使所给的九个图形符合某一特定的规律。

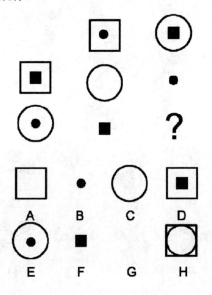

235. 九点连线

从下面几个字母选项中找出一个图形填在上面题目中的问号处，使所给的九个图形符合某一特定的规律。

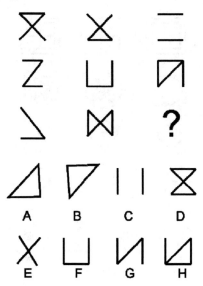

236. 直线与折线

从下面几个字母选项中找出一个图形填在上面题目中的问号处，使所给的九个图形符合某一特定的规律。

237. 图形组合

从下面几个字母选项中找出一个图形填在上面题目中的问号处，使所给的九个图形符合某一特定的规律。

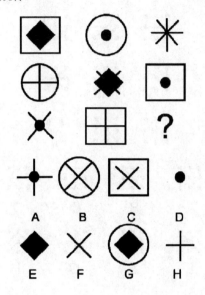

238. 巧妙的组合

从下面几个字母选项中找出一个图形填在上面题目中的问号处，使所给的九个图形符合某一特定的规律。

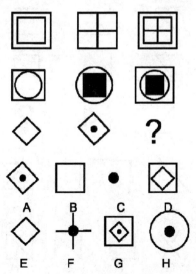

239. 奇妙的变换

从下面几个字母选项中找出一个图形填在上面题目中的问号处，使所给的九个图形符合某一特定的规律。

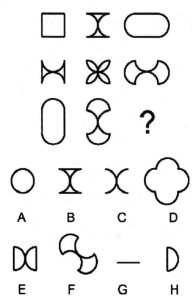

240. 四条线段

从下面几个字母选项中找出一个图形填在上面题目中的问号处，使所给的九个图形符合某一特定的规律。

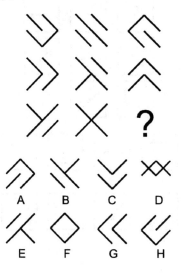

241. 黑点

从下面几个字母选项中找出一个图形填在上面题目中的问号处，使所给的九个图形符合某一特定的规律。

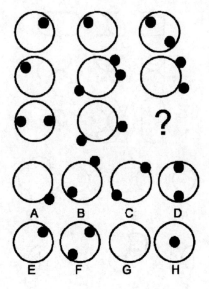

242. 直线与箭头

从下面几个字母选项中找出一个图形填在上面题目中的问号处，使所给的九个图形符合某一特定的规律。

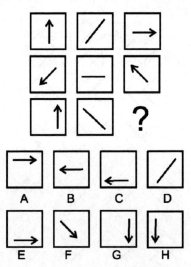

243. 三色柱状图

从下面几个字母选项中找出一个图形填在上面题目中的问号处，使所给的九个图形符合某一特定的规律。

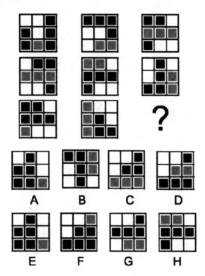

244. 黑点与白点

从下面几个字母选项中找出一个图形填在上面题目中的问号处，使所给的九个图形符合某一特定的规律。

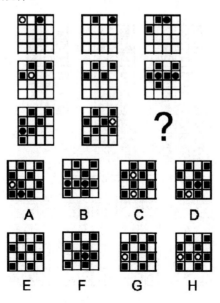

245. 双色方块

从下面几个字母选项中找出一个图形填在上面题目中的问号处，使所给的九个图形符合某一特定的规律。

138

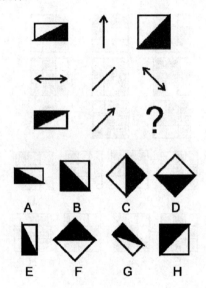

246. 复杂的规律

从下面几个字母选项中找出一个图形填在上面题目中的问号处，使所给的九个图形符合某一特定的规律。

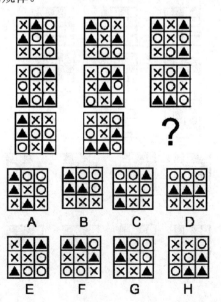

247. 组合关系

根据所给图形的规律，空白处应该填什么？

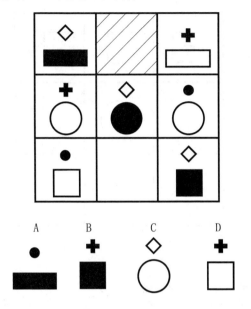

248. 位置关系

根据所给图形的规律，空白处应该填什么？

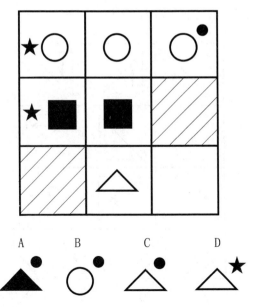

249. 平移

根据所给图形的规律，空白处应该填什么？

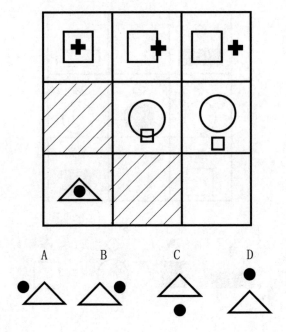

A   B   C   D

250. 带箭头的三角

根据所给图形的规律，问号处应该填什么图形？

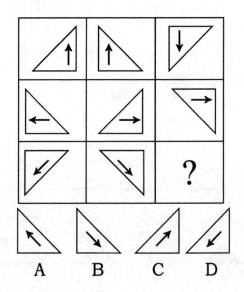

A   B   C   D

251. 跳舞的人

根据所给图形的规律，问号处应该填什么图形？

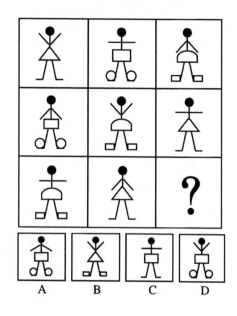

252. 五角星

根据所给图形的规律，问号处应该填什么图形？

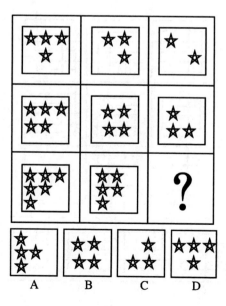

253. 复杂的规律

根据所给图形的规律，问号处应该填什么图形？

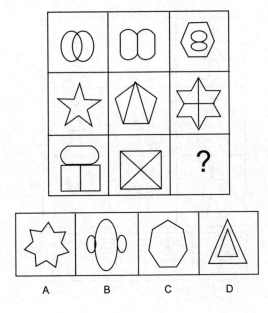

254. 画方格

根据所给图形的规律，问号处应该填什么图形？

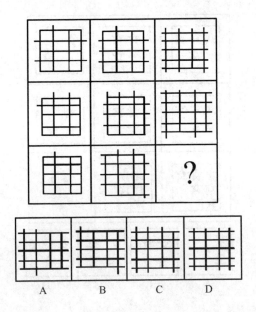

255. 螺旋线

根据所给图形的规律，问号处应该填什么图形？

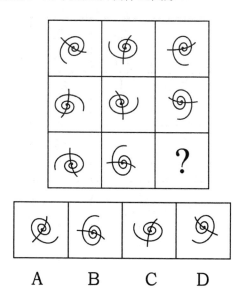

256. 汉字规律

根据所给图形的规律，问号处应该填什么图形？

257. 男人女人

根据所给图形的规律，问号处应该填什么图形？

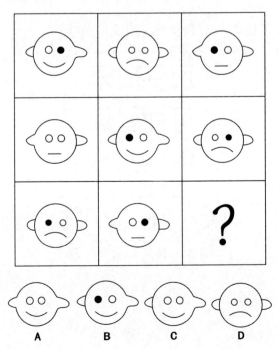

258. 大头娃娃

根据所给图形的规律，问号处应该填什么图形？

259. 日月星辰

根据所给图形的规律，问号处应该填什么图形？

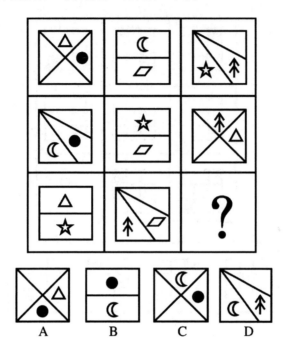

260. 黑白图形

根据所给图形的规律，空白处应该填什么图形？

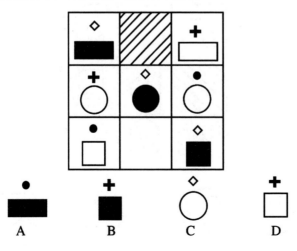

261. 黑色方块

根据所给图形的规律，问号处应该填什么图形？

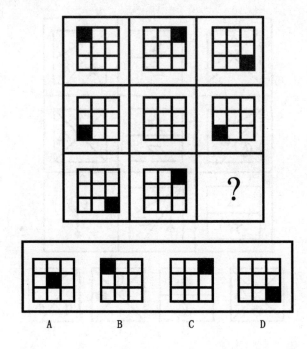

262. 图形构成

根据所给图形的规律，空白处应该填什么图形？(图中斜线处为故意遮挡部分)

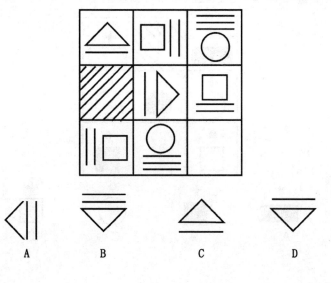

第七篇
逻辑顺序

263. 方块拼图

根据所给图形的规律，问号处应该填什么图形？

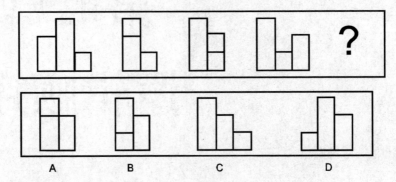

264. 简单的规则

根据所给图形的规律，下一个图形应该是哪个？

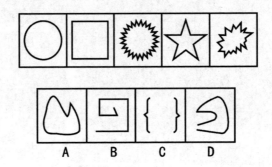

265. 找共同点

下面给的四个选项中，哪一个图形与所给图形是同一类的？

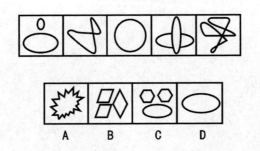

266. 放大与缩小

根据所给图形的规律，下一个图形应该是哪个？

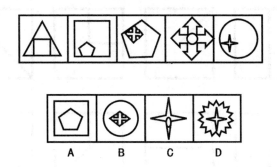

267. 螺旋曲线

根据所给图形的规律，下面哪一个图形与所给图形是同一类的？

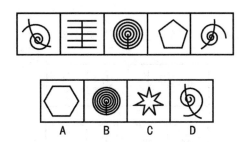

268. 三色方格

根据所给图形的规律，下一个图形应该是哪个？

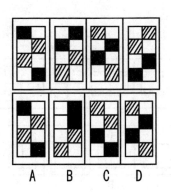

269. 折线

根据所给图形的规律，下一个位置应该填什么图形？

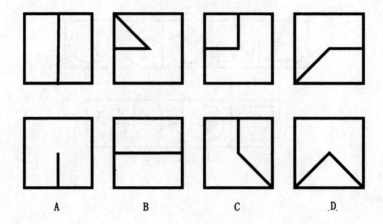

270. 箭头规律

根据所给图形的规律，下一个图形应该是哪个？

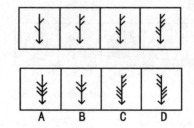

271. 钉木板

根据所给图形的变化规律，下一幅图应该是什么样子的？

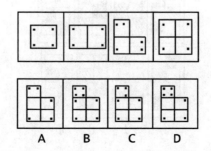

272. 三角和圆圈

根据所给图形的变化规律，下一幅图应该是什么样子的？

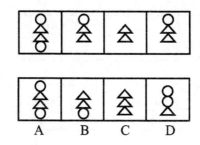

273. 砖头

根据所给图形的变化规律，下一幅图应该是什么样子的？

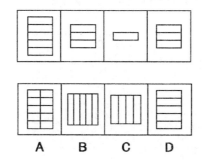

274. 直线三角圆圈

根据所给图形的变化规律，下一个图形应该是哪个？

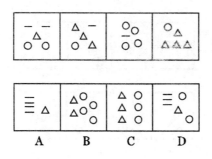

275. 直线与椭圆

根据所给图形的规律，下一个图形应该是哪个？

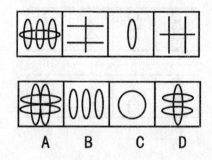

276. 构成元素

根据所给图形的规律，下一个图形应该是哪个？

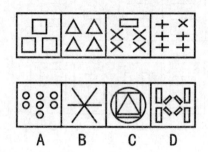

277. 小图标

根据所给图形的规律，下一个图形应该是哪个？

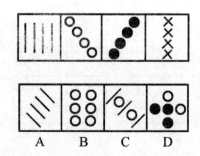

278. 斜线

根据所给图形的规律，下一个图形应该是哪个？

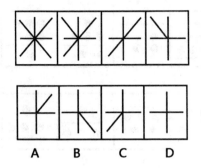

279. 圆点

根据所给图形的规律，下一个图形应该是哪个？

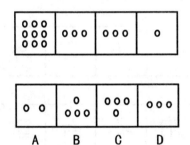

280. 圆与方块

根据所给图形的规律，下一个图形应该是哪个？

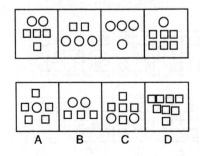

281. 直线与黑点

根据所给图形的规律，下一个图形应该是哪个？

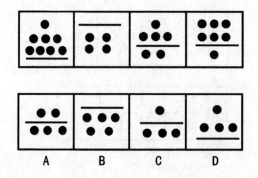

282. 阳春白雪

根据所给图形的规律，下一个图形应该是哪个？

283. 黑白方格

根据所给图形的规律，下一个图形应该是哪个？

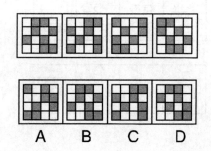

284. 上下平衡

根据所给图形的规律，下一个图形应该是哪个？

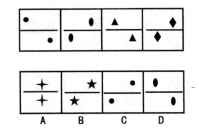

285. 移动竖条

根据所给图形的规律，下一个图形应该是哪个？

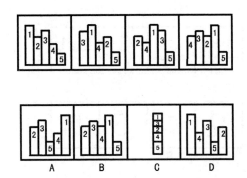

286. 雪花

根据所给图形的规律，下一个图形应该是哪个？

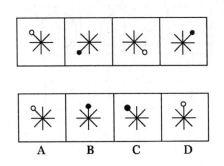

287. 双色板

根据所给图形的规律，下一个图形应该是哪个？

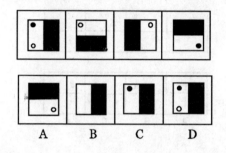

288. 奇妙的图形

根据所给图形的规律，下一个图形应该是哪个？

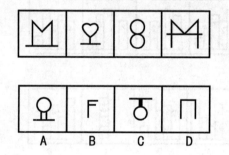

289. 巧妙的变化

根据所给图形的规律，下一个图形应该是哪个？

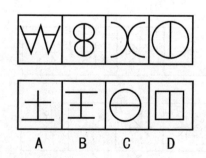

290. 线条与汉字

根据所给图形的规律，下一个图形应该是哪个？

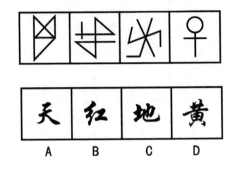

291. 图标组合

根据所给图形的规律，下一个图形应该是哪个？

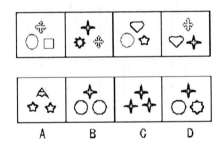

292. 共同的特点

根据所给图形的规律，下一个图形应该是哪个？

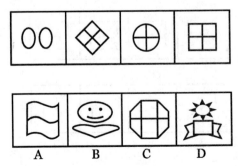

293. 卫星

根据所给图形的规律，下一个图形应该是哪个？

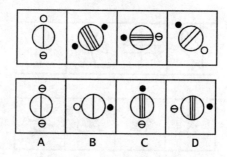

294. 缺口的田字

根据所给图形的规律，下一个图形应该是哪个？

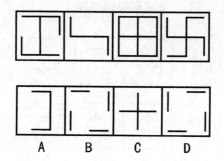

295. 缺口

根据所给图形的规律，下一个图形应该是哪个？

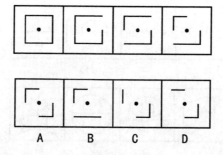

296. 简化

根据所给图形的规律，下一个应该是什么图形？

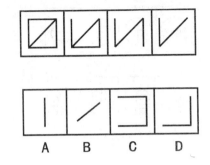

297. 旋转的角度

根据所给图形的规律，下一个图形应该是哪个？

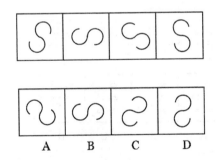

298. 分割的正方形

根据所给图形的规律，下一个图形应该是哪个？

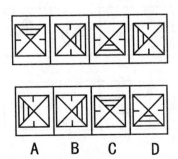

299. 灰色半圆

根据所给图形的规律，下一个图形应该是哪个？

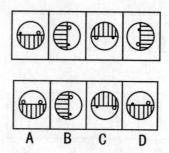

300. 椭圆阵列

根据所给图形的规律，下一个图形应该是哪个？

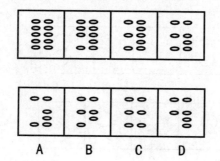

301. 美丽的图形

根据所给图形的规律，下一个图形应该是哪个？

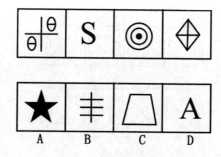

302. 遮挡

根据所给图形的规律，下一个图形应该是哪个？

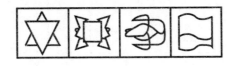

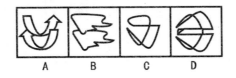

303. 旋转的扇形

根据所给图形的规律，下一个图形应该是哪个？

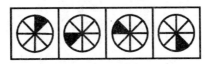

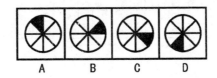

304. 双层图案

根据所给图形的规律，下一个图形应该是哪个？

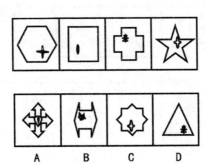

305. 有什么规律

根据所给图形的规律，下一个图形应该是哪个？

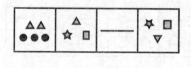

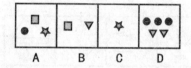

A　　　B　　　C　　　D

306. 贪吃蛇

根据所给图形的规律，下一个图形应该是哪个？

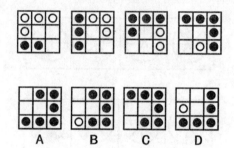

A　　　B　　　C　　　D

307. 转弯的箭头

根据所给图形的规律，下一个图形应该是哪个？

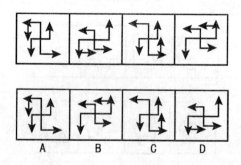

A　　　B　　　C　　　D

308. 奇怪的变换

问号处应该填什么？

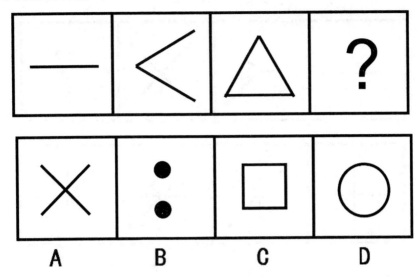

309. 角度

问号处应该填什么？

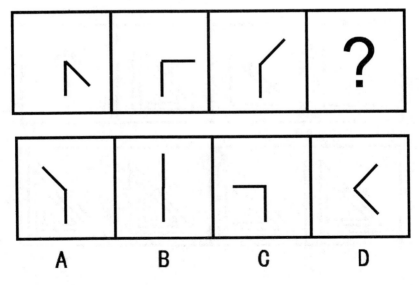

310. 分支

问号处应该填什么？

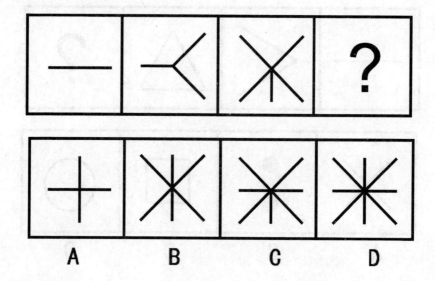

311. 延伸

问号处应该填什么？

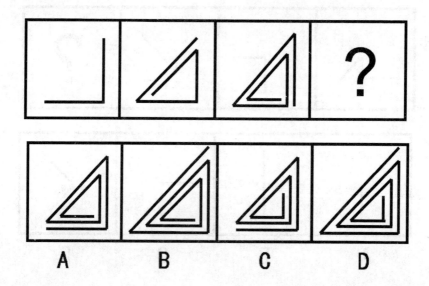

312. 嵌套

问号处应该填什么？

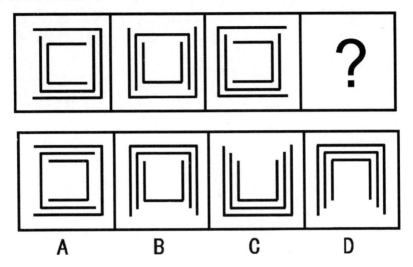

313. 骰子对比

问号处应该填什么？

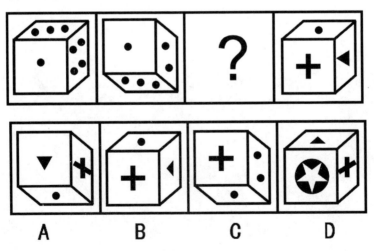

第八篇

观察对比

314. 图形组合

根据所给图形的规律，问号处应该填什么图形？

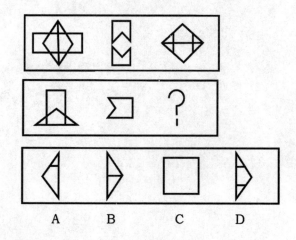

315. 角度

根据所给图形的规律，问号处应该填什么图形？

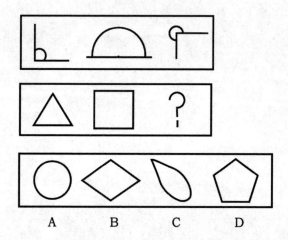

316. 直线与曲线

根据所给图形的规律，问号处应该填什么图形？

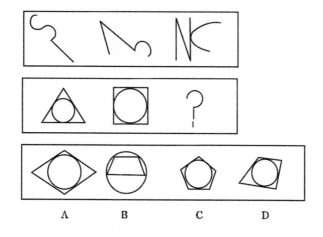

A   B   C   D

317. 多边形

根据所给图形的规律，问号处应该填什么图形？

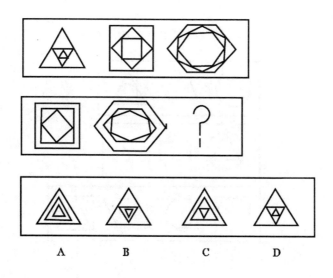

A   B   C   D

318. 有趣的方格

根据所给图形的规律，问号处应该填什么图形？

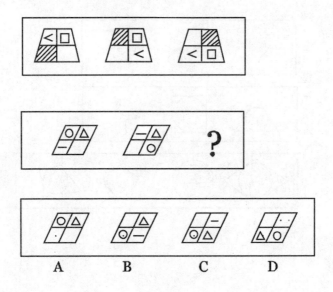

319. 奇怪的规律

根据所给图形的规律，问号处应该填什么图形？

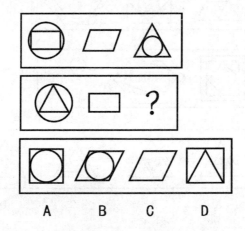

320. 涂黑的三角形

根据所给图形的规律，问号处应该填什么图形？

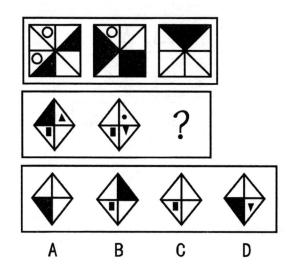

A   B   C   D

321. 五角星

根据所给图形的规律，问号处应该填什么图形？

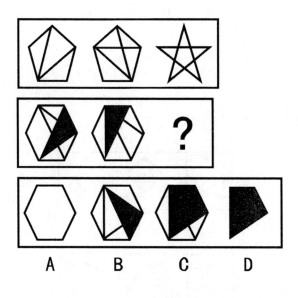

A   B   C   D

322. 汉字有规律

根据所给图形的规律，问号处应该填什么图形？

323. 字母也疯狂

根据所给图形的规律，问号处应该填什么图形？

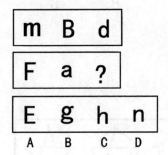

324. 组合的规律

根据所给图形的规律，问号处应该填什么图形？

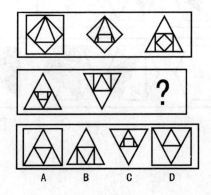

325. 复杂的图形

根据所给图形的规律，问号处应该填什么图形？

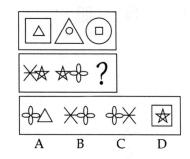

326. 没规律的线条

根据所给图形的规律，问号处应该填什么图形？

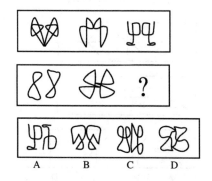

327. 圆圈与三角

根据所给图形的规律，问号处应该填什么图形？

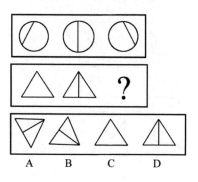

328. 汉字的规律

根据所给图形的规律，问号处应该填什么图形？

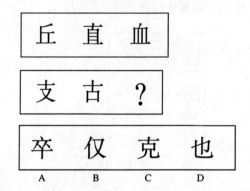

丘　直　血

支　古　?

卒　仅　克　也
A　B　C　D

329. 奇妙的规律

根据所给图形的规律，问号处应该填什么图形？

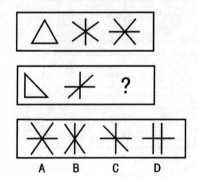

A　B　C　D

330. 三角形

根据所给图形的规律，问号处应该填什么图形？

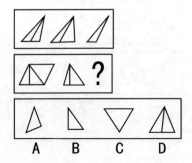

A　B　C　D

331. 组合的图形

根据所给图形的规律，问号处应该填什么图形？

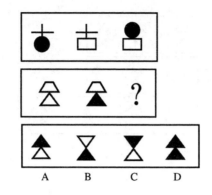

332. 花瓣图形

根据所给图形的规律，问号处应该填什么图形？

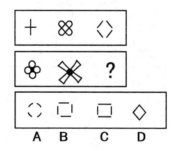

333. 简单的规律

根据所给图形的规律，问号处应该填什么图形？

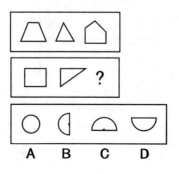

334. 复杂的图形

根据所给图形的规律，问号处应该填什么图形？

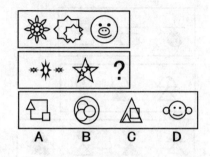

335. 小圆圈

根据所给图形的规律，问号处应该填什么图形？

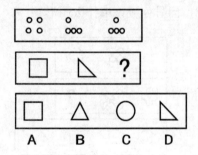

336. 图形对比

根据所给图形的规律，问号处应该填什么图形？

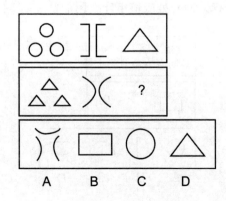

337. 星光闪闪

根据所给图形的规律，问号处应该填什么图形？

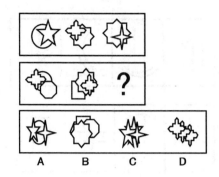

338. 直线组合

根据所给图形的规律，问号处应该填什么图形？

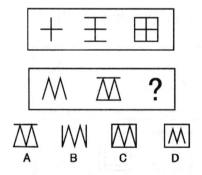

339. 对应关系

根据所给图形的规律，问号处应该填什么图形？

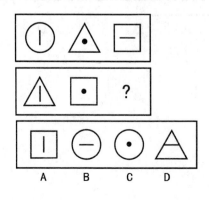

340. 直线与弧线

从四个选项中找出一个与所给图形规律相同的图形。

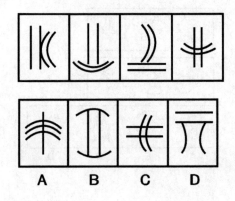

341. 递增的折线

根据所给图形的规律，问号处应该填什么图形？

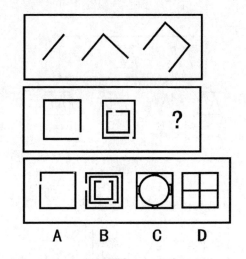

342. 轮廓

根据所给图形的规律，问号处应该填什么图形？

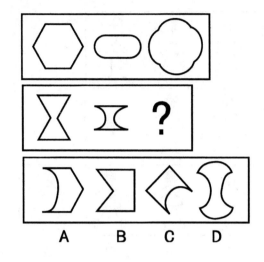

343. 切割图形

根据所给图形的规律，问号处应该填什么图形？

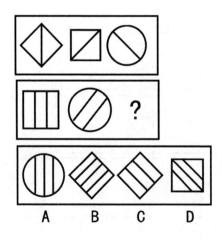

344. 跳舞的孩子

根据所给图形的规律，问号处应该填什么图形？

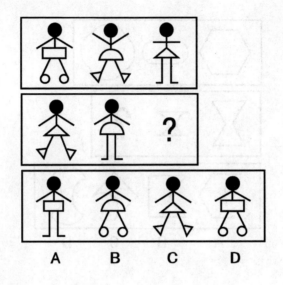

345. 三角与扇形

根据所给图形的规律，问号处应该填什么图形？

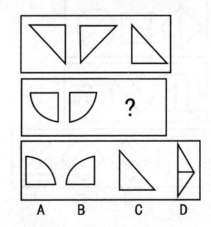

346. 直线和曲线

根据所给图形的规律，问号处应该填什么图形？

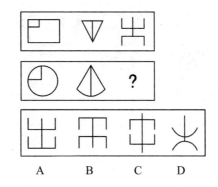

347. 圆与正方形

根据所给图形的规律，问号处应该填什么图形？

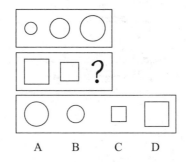

348. 线段与圆圈

根据所给图形的规律，问号处应该填什么图形？

349. 字母逻辑

根据所给图形的规律，问号处应该填什么图形？

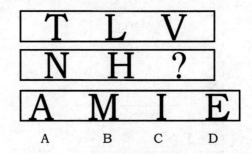

350. 三条线段

根据所给图形的规律，问号处应该填什么图形？

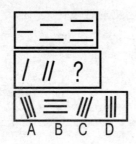

351. 曲线

根据所给图形的规律，问号处应该填什么图形？

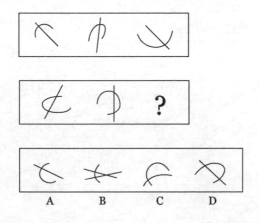

352. 直线

根据所给图形的规律，问号处应该填什么图形？

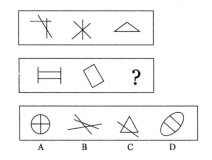

353. 什么规律

根据所给图形的规律，问号处应该填什么图形？

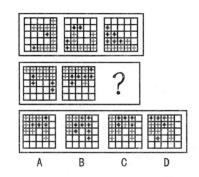

354. 复杂曲线

根据所给图形的规律，问号处应该填什么图形？

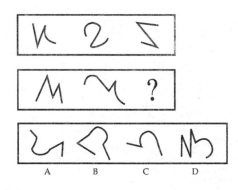

355. 折线与直线

根据所给图形的规律，问号处应该填什么图形？

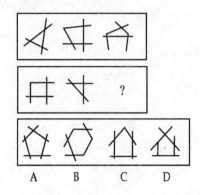

356. 括号

根据所给图形的规律，问号处应该填什么图形？

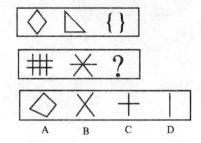

357. 文字规律

根据所给图形的规律，问号处应该填什么图形？

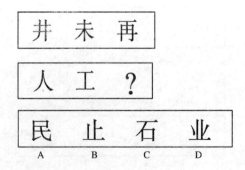

358. 找规律

根据所给图形的规律，问号处应该填什么图形？

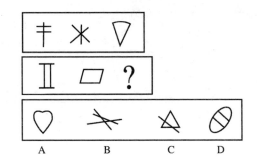

359. 涂色

根据所给图形的规律，问号处应该填什么图形？

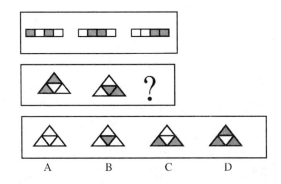

360. 简单的图形

根据所给图形的规律，问号处应该填什么图形？

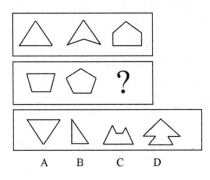

361. 星形图案

根据所给图形的规律，问号处应该填什么图形？

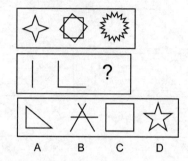

362. 切割

根据所给图形的规律，问号处应该填什么图形？

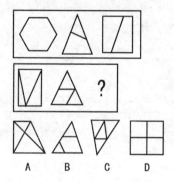

363. 线段的规律

根据所给图形的规律，问号处应该填什么图形？

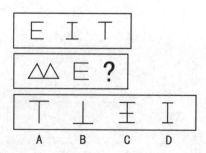

364. 金字塔

根据所给图形的规律，问号处应该填什么图形？

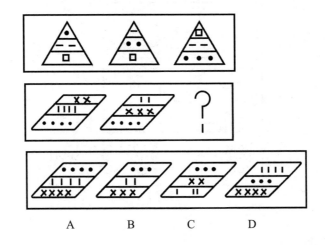

365. 奇怪图形

根据所给图形的规律，问号处应该填什么图形？

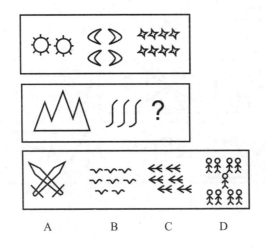

366. 超复杂图形

根据所给图形的规律，问号处应该填什么图形？

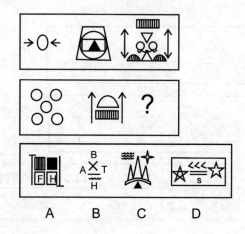

A   B   C   D

367. 神奇的规律

根据所给图形的规律，问号处应该填什么图形？

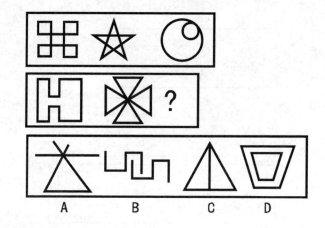

A   B   C   D

368. 线段组合

根据所给图形的规律，问号处应该填什么图形？

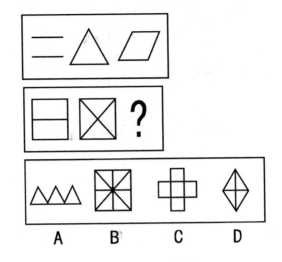

369. 分割火炬

根据所给图形的规律，问号处应该填什么图形？

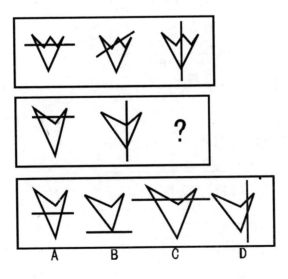

370. 圆圈方块

根据所给图形的规律，问号处应该填什么图形？

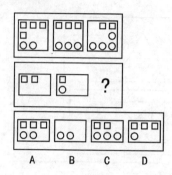

371. 黑白点游戏

根据所给图形的规律，问号处应该填什么图形？

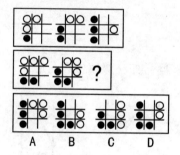

372. 方格阵列

根据所给图形的规律，问号处应该填什么图形？

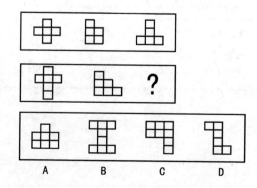

373. 曲线组合

根据所给图形的规律，问号处应该填什么图形？

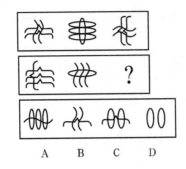

374. 带斜线的三角

根据所给图形的规律，问号处应该填什么图形？

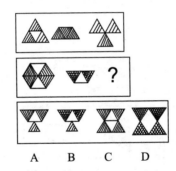

375. 变换的梯形

根据所给图形的规律，问号处应该填什么图形？

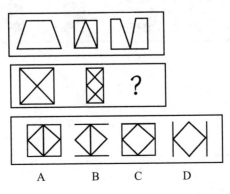

376. 多重箭头

根据所给图形的规律，问号处应该填什么图形？

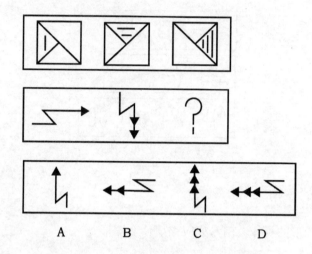

A   B   C   D

377. 黑白图案

根据所给图形的规律，问号处应该填什么图形？

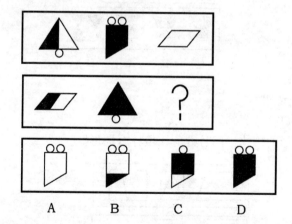

A   B   C   D

378. 笑脸

根据所给图形的规律，问号处应该填什么图形？

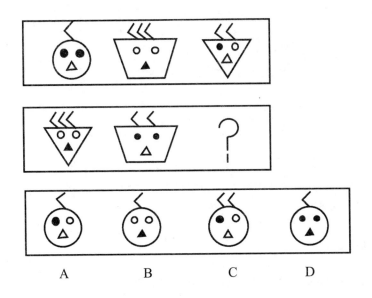

A   B   C   D

379. 双色拼图

根据所给图形的规律，问号处应该填什么图形？

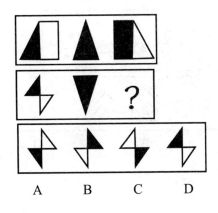

A   B   C   D

380. 线条的规律

根据所给图形的规律，问号处应该填什么图形？

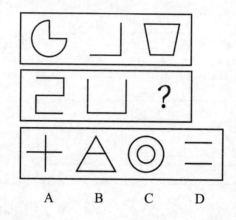

A   B   C   D

381. 斜线

根据所给图形的规律，问号处应该填什么图形？

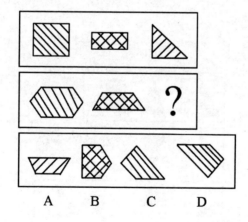

A   B   C   D

382. 立体图

根据所给图形的规律，问号处应该填什么图形？

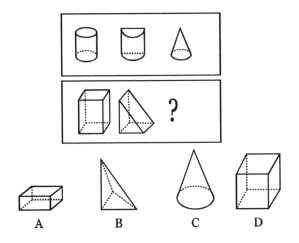

383. 阴影图形

根据所给图形的规律，问号处应该填什么图形？

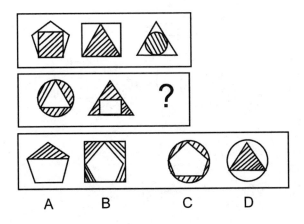

384. 另类箭头

根据所给图形的规律，问号处应该填什么图形？

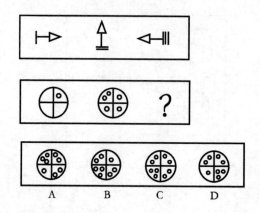

385. 移动

根据所给图形的规律，问号处应该填什么图形？

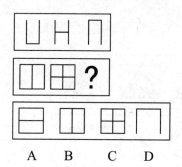

386. 小圆点

根据所给图形的规律，问号处应该填什么图形？

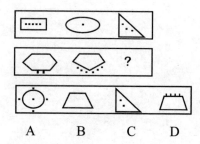

387. 阴影的共性

根据所给图形的规律，问号处应该填什么图形？

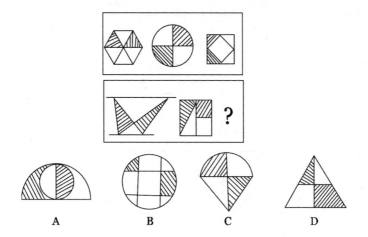

388. 缺口的大小

根据所给图形的规律，问号处应该填什么图形？

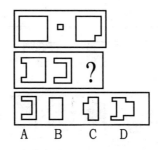

389. 组合花瓣

根据所给图形的规律，问号处应该填什么图形？

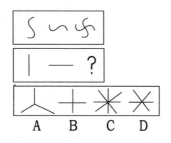

390. 相交的直线

根据所给图形的规律，问号处应该填什么图形？

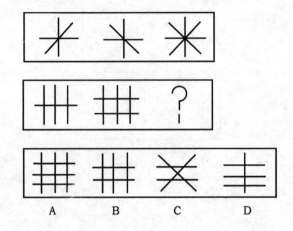

391. 黑白格子

根据所给图形的规律，问号处应该填什么图形？

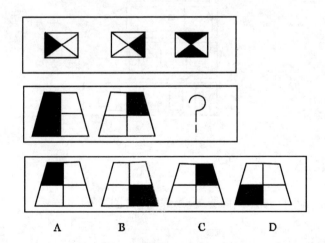

392. 找找规律

根据所给图形的规律，问号处应该填什么图形？

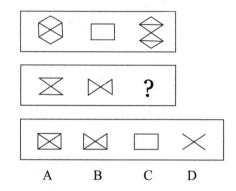

393. 四角星

根据所给图形的规律，问号处应该填什么图形？

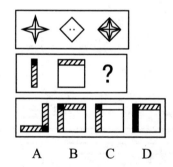

394. 黑白网格

根据所给图形的规律，问号处应该填什么图形？

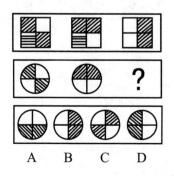

395. 填什么图形

根据所给图形的规律，问号处应该填什么图形？

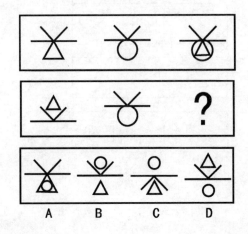

396. 十字与三角

根据所给图形的规律，问号处应该填什么图形？

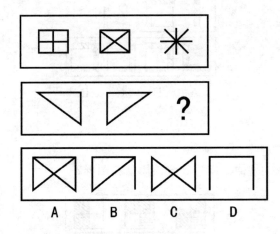

397. 黑白格

根据所给图形的规律，问号处应该填什么图形？

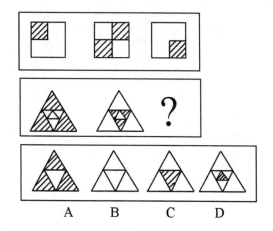

A B C D

398. 花瓣和星星

根据所给图形的规律，问号处应该填什么图形？

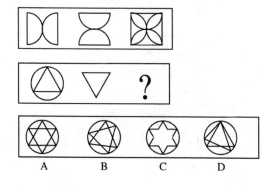

A B C D

399. 心形图案

根据所给图形的规律，问号处应该填什么图形？

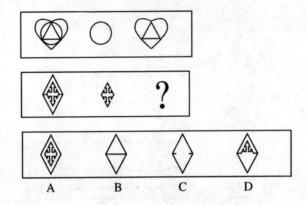

400. 放射

根据所给图形的规律，问号处应该填什么图形？

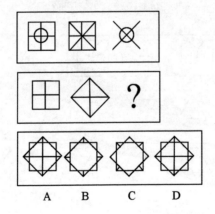

答　案

第一篇　视觉误差

1. 灰色条纹

其实它们的色度是一样的，只是看起来左边的要比右边的颜色深一些。因为视网膜由许多小的光敏神经细胞组成。激活单独一个细胞是不可能的，某个细胞的激活总会影响邻近的细胞。当刺激某个细胞得到较大反应时，再刺激其邻近细胞，这种反应就会减弱。也就是说，周围的细胞抑制了视网膜的反应。这种现象被称为"侧抑制"。

2. 深度

看起来中间区域的背景色比周围的背景色要深一些，其实它们的颜色都是一样的。这也是因为"侧抑制"。

3. 颜色深浅

其实，这两个小灰色方块的颜色完全一样，而我们在看上去的时候却会认为右边的颜色要深一些。这也是因为"侧抑制"。

4. 高帽

帽子的高度和宽度是一样的。

5. 正弦波幻觉

看上去在最高处和最低处的竖线更长一些，但其实这些竖线的长度都一样。另外也许你已经注意到了，这些竖线看起来最长的部分，看上去也更密集。而事实上，每两条竖线间的距离都是一样的。

6. 长短

这两条线段是一样长的，只不过两个箭头的方向不同使得第二条线段看起来要短一些。

7. 线段

用尺子量一下你就会发现，其实线段 AB 和线段 BC 一样长，两个作为参照物的平行四边形的存在使得线段 BC 看起来更长一些。

8. 梯形错觉

这就是著名的"梯形错觉"。尽管它们的长度完全相等，但上面梯形的上底看起来就是比下面梯形的上底显得长一点。这是因为小于 90°的角使包含它的边显得短一些，而大于 90°的角使包含它的边显得长一些。

9. 八字错觉

这两条横线是一样长的，虽然下面的空白让下面一条线看起来有些短。

10. 高度幻觉

这个图形很奇怪，看上去它的高要比宽长一些，但其实它的轮廓是一个标准的正方形。

11. 三角形错觉

这就是著名的"三角形错觉"。中间的竖线看起来比边上的斜线长，其实它们是一样长的。

12. 距离错觉

看上去这个点距底边更远一些，但是只要你用尺子量一下就会发现，上下的距离是一样远的。

13. 拖兰斯肯弯曲错觉

这三个圆弧看起来弯曲度差别很大，但实际上它们的半径是完全一样的，只是下面两个圆弧比上面那个圆弧短一些。看到一条线时，视觉神经末梢最开始只是按照短线段来解释。当线段的两端逐渐延伸，并在一个大的范围内出现弯曲后，圆弧才会被感知到。所以如果给的是圆弧上的一小部分，我们的眼睛往往察觉不出它是曲线。

14. 圆心在哪里

无论是上数还是下数都是第十条弧线，你答对了吗？

15. 埃冰斯幻觉

大的黑色圆围住的圆和小的黑色圆围住的圆其实大小完全一样。第一个圆被围住它的大黑圆"衬托"得"小"了，相应地，第二个圆被围住它的小黑圆"衬托"得"大"了。所以当二者放在一起的时候，第二个圆看上去就会比第一个圆大一些。

16. 谢泼德桌面

它们确实是完全一样的。斯坦福大学的心理学家罗杰·谢泼德创作了这幅幻觉图。虽然图是平面的，但它暗示了一个三维物体——桌子。如果遮住除了桌面外的其他部分，你很容易就能辨别出来它们的大小。但是正因为桌腿和桌面下面的部分影响了我们对桌面大小和形状的判断。

17. 平行

这些水平线看上去相互之间有一定的角度，其实它们是相互平行的。

18. 平行线

图中的两条线看似是弯曲的，而且中间靠的近，两端离得远，但其实这两条线都是直线，而且相互平行，是旁边的放射线影响了我们眼睛的判断。

19. 曲线幻觉

这些竖线看上去似乎是弯曲的，但其实它们是笔直的，而且相互平行。几条倾斜的阴影造成了我们的错觉。

20. 不平行错觉

虽然看上去它们并不平行，但其实它们是相互平行的。竖排交错的黑块造成了它们之间不平行的错觉。

21. 平行还是相交

上图中杂乱的短线将大脑判断空间方位的细胞弄糊涂了，致使我们将对角线方向的线条误解为是不平行的，其实它们之间是相互平行的。要想消除这种错觉，只要将图倾斜，也就是将这七条斜线竖起来，从下沿对角线方向向上看就会发现这些线是平行的。

22. 策尔纳幻觉

这几条水平线是笔直的而且它们之间是相互平行的。

23. 这些线平行吗

不用怀疑，这些都是直线，虽然它们看上去有些变形。而且这些横线之间都是平行的，当然竖线之间也同样是平行的。

24. 是正方形吗

别怀疑，它真的是一个标准的正方形，尽管它看上去四条边都向中间凹了进去。

25. 这是个圆吗

尽管它看上去不太圆，但它确实是个标准的圆形。

26. 圆怎么变成了心形

是的，毫无疑问，这三个圆都是标准的圆形。周围的直线和折线让它们看上去发生了变形。

27. 弗雷泽螺旋

这个图形看起来好像是个螺旋，但其实它是一系列完好的同心圆，不信就用笔沿着"螺旋线"转一圈看看，看是不是"又回到起点"？这是英国心理学家詹姆斯·弗雷泽设计的，创作于 1906 年。每一个小圆的"缠绕感"通过大圆传递出去，从而产生了螺旋效应。只要你遮住图片的一半，这个幻觉将不再起作用。

28. 缠绕

虽然它们看上去像是螺旋形状，可这些却是同心圆。

29. 螺旋

虽然看上去这是一组螺旋线，但其实它根本就不是螺旋线，而是几个完好的同心圆。是这些圆上的背景图案使我们的眼睛产成了错觉。

30. 克塔卡螺旋

这是在经典弗雷泽螺旋幻觉基础上的一个变化，属于一般的扭弦幻觉种类之一。它看起来像是一个螺旋，但实际上是一系列的同心圆。而且即使从概念上，你很清楚这是一组同心圆，但你的知觉系统却无法纠正这个错误。甚至你的智力和知识也不能一直克服你知觉系统的限制。当盖住图样的一半时，这种幻觉就烟消云散了。因为你的视力系统需要建立一个关于整个图像的全面的解释以便为这是一个螺旋找到根据。克塔卡为此作了一个令人信服的证明，所以我们叫它克塔卡螺旋。

31. 韦德螺旋

这是英国视觉科学家、艺术家尼古拉斯·韦德向我们展示的他的弗雷泽螺旋幻觉的变体形式。虽然图形看起来像螺旋，但实际上它是一系列同心圆。

32. 切斯塞尔幻觉

这幅图是由比尔·切斯塞尔创作的曲线幻觉视觉艺术。这些正方形看起来完全变了形，但其实它们的边都是笔直的而且彼此平行。

33. 曲线错觉

这又是一个曲线幻觉的例子，它是弗雷泽螺旋的一种变形。图中是一系列完好的同心圆。

34. 连续线幻觉

正确答案是一个也没有，因为这些"正方形"看起来是完整的彼此分离的。但实际上，它们只是一条连续不断的折线。

35. 黑林幻觉

这两条黑色的竖线其实是完全笔直而且相互平行的，只是由于旁边放射状线条的存在，使其看起来像是弯曲的。这种幻觉是由 19 世纪德国心理学家艾沃德·黑林首先发现的，因此我们叫它黑林幻觉。

36. 奥毕森幻觉

别怀疑，这确实是一个完好的正方形。但是旁边的放射线会歪曲一个人对线条和形状的感知。它是黑林幻觉的一个变体，被称为奥毕森幻觉。

37. 方格幻觉

这些大正方形的四条边的中间看起来都有点向内凹进去。

38. 伯根道夫环形错觉

看上去这个圆的左半部分要比右半部分直径小一些，但其实这是一个完好的圆的两部分，是中间隔断它们的两条平行线干扰了我们的判断。

39. 伯根道夫共线错觉

是左数第二根，你答对了吗？

40. 盒子错觉

不遮住盒子，我们会自然地按照空间位置去思考问题，所以大都会判断下面的那条横线与竖线垂直；而遮住盒子之后，这两横一竖三条线就成了平面图形，所以很显然上面一条与竖线垂直。盒子错觉提示我们：为了确定图中心线段的位置，必须要给我们的视觉系统提供一个背景。离开盒子的背景，我们的视觉系统就必须使用其他的东西做背景。

41. 庞泽幻觉

这几个圆看上去并不共线，但其实它们排列的非常整齐。不信的话用直尺检查一下吧。

42. 不共线错觉

看上去两只眼睛一高一低，其实它们是在一条直线上的。

43. 康斯威特方块

这是克莱克·奥·布莱恩设计的康斯威特方块，这个图形中除了白色和黑色的正方形外，其他区域的颜色是完全一致的，但是看起来黑色正方形围起来的区域要比白色正方形围起来的区域更暗一些。这个幻觉表明两个方块的边界使得两个亮度完全一致的灰色方块看起来会产生一点不同。

44. 消磨亮度幻觉

这是卡尼札消磨亮度幻觉的一个变化。在"云"中间的黑块亮度看上去比其他黑块稍浅，而在"云"中间的白块亮度看上去比其他白块更亮一些。其实它们与别的相应色块的亮度是相同的。周围"云"的模糊造成了这种视觉上的错觉。

45. 色度错觉

其实阴影区域内的浅色方格 B 和阴影区域外的黑色方格 A 的色度是完全一样的。如果你不信，挡住其他部分，然后比比看。

46. 蒙德里恩幻觉

这幅图是由麻省理工学院的视力科学家泰德·安德森设计的，其实这两段灰色条纹的色度是完全一致的，黑与白的对比正好增强了这种幻觉。

47. 共时对照幻觉

它们是一样的。只是因为小白点位于黑色的背景上，这强化了每一个小白点和它背景之间的亮度对比。

48. 冯特区域错觉

虽然左边的看起来长度和半径都要大一些，但其实它们的长度和半径都是一样大的，而且它们的形状也是完全相同的。

49. 冯特色块错觉

图中五个色块的大小和形状都是一样的，可是下面的看起来却显得比上面的大一些。

第二篇　不可能图形

50. 大象的腿

从上往下看，毫无疑问是四个。但是当你看到大象的脚时，你会发现竟然有五只。美国斯坦福心理学家罗格·谢波德以三叉戟为基础创作出这幅大象图。为了不至于数不清大象腿，谢波德采用了更加清晰的线条，但这幅图中没有固定的边线。

51. 这是什么结构

从上面看毫无疑问是四根，但是当我们看到下面时，你会发现竟然变成了五根。

52. 不可能的叉子

遮住这个图形的上半部分，你将发现有三个分岔；而遮住下半部分，你会发现只有两个分岔。这幅图 1964 年开始出现于各种出版物中，没有人知道是谁首先创造了这个著名的图形。

答案

53. 筷子三塔

遮住上面和遮住下面筷子的根数完全不同，四个变成了三个。

54. 三个还是四个

这是一个不可能的图形，只要你仔细观察就能发现中间的木板不是封闭的，这就造成了这种不可能的结构。

55. 奇特的烤肉串

仔细观察这幅图，你会发现这个图形根本不可能实现。在左边是四个横块，而右边却变成了三个。除了最上面和最下面两个横块外，其他的根本不是一个完整的整体。

56. 难以捉摸的拱

这个图形是塞尔维亚贝尔格莱德大学的德杨·托多罗维奇提出来的。图形左半部分显示的是 3 个明亮的椭圆形管；右半部分显示的是 3 个相互交错、不光滑的突起和凹槽。图像表面明亮的线条，或许是管道顶部和底槽的强烈光线，或者是凹槽的反射光线。很难判断照射这一图形的光源的方向：这取决于我们的理解——光是照射在逐渐缩小的表面上还是逐渐扩张的表面上。另外，拱中心附近的过渡区的具体位置和形状也令人难以捉摸，因为三维空间无法解释幻觉。

57. 凯旋门

从上面看和从下面看是完全不同的，它朝向两个不同的方向。我们可以将图遮住一半，那样更方便观察。当我们分别遮住上一半和下一半的时候，它的朝向是完全不一样的。

58. 不可能的建筑

上图中这个歪歪扭扭的建筑无论遮住上下左右哪个部分看时都是合理的，但是合到一起从整体上看就成为不可能的了。

59. 错觉

它上下分别朝向不同的方向，这是不可能的。

60. 巨石

遮住上面可以看到三个光亮的地方是开口，而遮住下面，却发现那三个光亮的地方竟然是上面建筑的基石。这幅画是瑞士艺术家桑德罗·戴尔·普利特的作品。

61. 两列火车会相撞吗

仔细观察你就会发现它们根本就不会相撞，因为它们两个分别在铁轨的上面和下面。当然,这样的铁轨是不可能存在的。

62. 昼与夜

这幅画的作者埃舍尔是荷兰著名的视错觉画家。20 世纪 30 年代末,埃舍尔游览西班牙时,被摩尔人建筑上的装饰图案所吸引,那些规则的互为背景的彩色图案,看上去简洁明了,甚至略显单调。但它却为埃舍尔的大脑打开了具有无穷变换空间的版画世界的大门。他说,仅仅是几何图形是枯燥的,只要赋予他生命就会其乐无穷。于是,在规整的三角形、四边形或六边形中,使鱼、鸟和爬行动物们互为背景,在二维空间和三维空间相互变换,成为他一个时期热衷的创作主题,并成为他终身百玩不厌的游戏。这幅《昼与夜》就是其中之一,在白天的一面是一群黑色的鸟,而在黑夜一面则是一群白色的鸟,它们互为背景。

63. 天与水

这幅画的作者埃舍尔是荷兰著名的视错觉画家。水里的鱼和天空的鸟互为背景,巧妙地融合在了一起。

64. 变形

这幅画也是荷兰著名的视错觉画家埃舍尔的作品。它展示的是爬虫、飞鸟和鱼三者之间的相互渐变过程。

65. 渐变

这幅画也是荷兰著名的视错觉画家埃舍尔的作品。这幅图并没有将两种飞鸟铺满整个画面,而是留下了一些空白的背景,可以更加清楚地看明白背景是如何一步步变成飞鸟的。

66. 鱼与鸟

这幅画也是荷兰著名的视错觉画家埃舍尔的作品。这幅图展现了飞鸟和鱼的渐变过程。

67. 不可能三角

这是一个不可能三角,又叫彭罗思三角。它在现实中是不可能存在的。1954年,英国著名的数学物理学家彭罗思听了一场艺术家 M.C.埃舍尔的演讲。这次演讲启发了他重新发现不可能三角的灵感。当时,彭罗思并不熟悉其他一些科学家之前关于不可能三角的研究。于是,他就以这种我们目前最为熟悉的形式构造出了这个视力错觉。1978 年,他与父亲莱昂内尔一起,将他的发现发表在英国心理学期刊上。

68. 扭曲的三角形(1)

不可能。里面的斜边视觉上似乎成立,其实现实中是不可能的。

69. 扭曲的三角形(2)

看最上面的木板，木板的接嵌方式是不可能的。线条是不可能在 3 个点处突然转弯的。

70. 扭曲的三角形(3)

这是个不可能图形。所谓"不可能图形"是作者(通常是古怪的画家和趣味数学家)通过错误的透视画法创作的在真实三维空间并不存在的二维图形。最典型的就是瑞典艺术家奥斯卡·路斯沃透德的这幅作品，又名"不可解的三节棍"。

71. 扭曲的三角形(4)

其实方法很简单，右面中间的三颗骰子是垒在右下角那颗骰子上的。其余的九颗骰子是摆在地上的。垒起来的那三颗骰子中最上面那颗骰子本该挡住右上角那两颗骰子的，我们只需将垒起来的那三颗中最上面那颗骰子磨出两个凹槽让后面的两颗骰子露出来就可以了。

72. 疯狂的木箱

仔细观察你会发现，这个模型向我们展示的这个长方体的四个柱在底座和顶端之间相互切换。根据常识我们就可以判断出来这是不可能的。但它为什么会真实地存在呢？看了下图你就明白了，这里显示了隐藏在"疯狂"背后的制作方法。

所以，这一错觉只有当我们从某一个特殊的角度观察时才会产生。在其他任何角度，都不会出现这样的错觉。科学家将这种现象称为"意外的视角"，然而这并不意外。为了能够产生错觉，物体的观察角度必须精心安排，否则观众就看不到这个"不可能"模型。

73. 疯狂的板条箱

下面这幅图可以解开这个秘密——原来是这样！所谓的不可能只是在特定的角度去观察才会有的结果。

74. 不可能的鸟笼

这幅图从上面看是个鸟笼，但是从下面看只是一排栅栏。

75. 不可能的螺丝帽

这个螺丝帽是不可能存在的，而且不光如此，这个方形的零件，和这个三柱的螺丝杆也是不可能的图形。

76. 疯狂的螺帽

这幅《疯狂的螺帽》很常见，它的作者是美国魔术师杰里·安德鲁斯。看似不可能，其实很好解释，因为这两个螺帽实际上并不是凸出来的，而是凹进去的(仔细看你就可以发现)，所以它们并不是两个螺帽，而是一块纸板，而且它们也并不互相垂直。"螺帽"被下方光源照射(一般我们会默认光线是来自于上方)，这给我们判断它们的真实三维形状提供了错误的信息。

77. 不可能的楼梯

这幅图中的楼梯看起来是一阶一阶抬高的，但是当你看周围的背景时，你会发现它始终是在一个平面上的。这是个不可能的图形，或者说这只是一个平面图形，而是我们的大脑把它想象成了立体图形。

78. 彭罗斯台阶

如果人在往台阶上走，就会发现虽然是按照上或者下同一方向走，却永远也走不到头，只能一直在同一个水平面上打转转。这是英国遗传学家列昂尼尔·彭罗斯和他的儿子、数学家罗杰尔·彭罗斯发明的。

79. 天梯

仔细观察这幅图你会发现，这个楼梯是循环的，所以他无法走到尽头。这是个不可能的图形，仔细看右边那个楼梯底面深色的部分，它又是如何从里面转到外面的呢？这是瑞典著名设计师埃里克约翰松的作品。

80. 迷宫

这是美国著名艺术家罗伯·冈萨雷斯的幻觉绘画，作品都是运用透视原理玩的一些视觉魔术，漂亮的图画可能很容易让人误认为这是一些普通的装饰画，但只要你仔细看会发现很多不可思议的细节——仔细观察你会发现，根本看不出哪些房间是在同一个平面上的。

81. 不可能的书架

看上去只有两层的架子，却放了三层小球。当然，这是个不可能的图形。

82. 不可能的架子

这是个不可能图形，中间部分当然不能即凹进去又凸出来。图中的这个结构虚化了中间线条的过渡。

83. 不可能的棋盘(1)

这个棋盘的作者是布鲁诺·危斯特，它确实存在。但是千万别被骗了，这个棋盘其实并不是立体的，而只是平面的。只是从这个角度看它像是立体的而已。

84. 不可能的棋盘(2)

这个棋盘的作者是布鲁诺·危斯特，它确实存在。但是千万别被骗了，这个棋盘其实并不是立体的，而只是平面的。只是从这个角度看它像是立体的而已。明白了这一点，就不难理解了。

85. 反射错觉

看它的左边，像是三个堆积在一起的木块；再看它的右边，却像是两级台阶。这是一种不可能的建筑。

86. 望楼

这幅画是荷兰著名的视错觉画家埃舍尔的作品。其中最奇怪的地方在于中间一层的几个柱子，及架起来的梯子，它们都处在一个不可能的位置上。

87. 观景楼

这是一种不可能建筑物的物理模型，它是日本具有影响力的平面设计师福田繁雄创作的，是基于埃舍尔的著名画作"望楼"制作的建筑。仔细观察，我们就会发现中间一层的柱子都处在很特别的位置，梯子的位置也很奇怪。

88. 上升和下降

这幅画也是荷兰著名的视错觉画家埃舍尔的作品。你会发现楼顶那群人走的楼梯，顺时针看楼梯一直在上升，但是他们却在转圈。

89. 瀑布

这幅画也是荷兰著名的视错觉画家埃舍尔的作品。仔细观察你就会发现这个从高处流下来的瀑布的水，竟然自己又流回上面，形成了一个循环。

90. 上与下

这幅画也是荷兰著名的视错觉画家埃舍尔的作品。奇妙的是，你会发现自己根本区分不出哪里是上，哪里是下。无论哪种想法都会推出让人无法理解的结论。

91. 楼梯

这幅画也是荷兰著名的视错觉画家埃舍尔的作品。在这个错综复杂的楼梯中，我们很难找出这些楼梯的相对位置关系。

92. 相对性

这幅画是荷兰著名的视错觉画家埃舍尔的作品。埃舍尔在他的作品中，经常把艺术与科学相结合，他的"不可能的结构"印刷品和木雕画非常出名，其中就包括这幅著名的《相对性》错觉。我们单独看这幅图的任何小细节，都没有任何问题。但是当把它们综合在一起，形成一幅完整的图画的时候，就出现了各种不可能。所以说，可能与不可能也是有相对性的。

93. 手画手

这幅《手画手》具有很强的视觉冲击力，是荷兰著名的视错觉画家埃舍尔版画中最著名的代表作。一只手在创造另一只手，可那被画出来的手渐渐地走出死气沉沉的平面，成为三维世界活生生的手，并且创造了它的创造者。这就上升为"谁创造了谁"的哲学问题。当然画面里没有答案。

94. 扭曲

毫无疑问，这个图形也只是一个二维图形，是错误的透视关系造成的，无法用三维立体表现出来。

答案

95. 不可能的环

这个结构不可能在现实生活中存在，它只存在于二维的平面中，是错误的位置关系和透视关系造成的"错觉"。

96. 曲折的悖论

这个图形是个典型的不可能图形，它的这些扭曲在三维空间无法实现。

97. 不可能的曲折

沿着这个曲折图形走一遍，你会发现它完全不可能，是错误的透视关系造成的。

98. 紧密的加压器

这幅"不可能图形"是瑞典艺术大师奥斯卡·路透斯沃德的作品。一条窄窄的缝隙中当然不可能穿过明显宽于它的物体。

99. 嵌套

这幅"不可能图形"是瑞典艺术大师奥斯卡·路透斯沃德的作品。一个个宽的物体嵌套在比它窄的物体当中，最后装在一个窄窄的缝隙里。当然原因在于它存在明显的透视错误。

100. 来梯斯栅栏的士兵

这是个不可能图形，根本无法在三维立体中将它实现。瑞士艺术家桑德罗·戴尔·普利特创作了这幅可爱的画，画中一位勇士出发去打一场不可能的战争。

101. 罗密欧与朱丽叶

这是瑞士艺术家桑德罗·戴尔·普利特的作品。仔细观察你就会发现这个相框是不可能存在的，它只是一个平面的图形，而根本无法做成立体的相框，是我们的眼睛把它想象成了立体的。

102. 莫比乌斯带(1)

这幅是荷兰著名的视错觉画家埃舍尔1961年的版画作品。他对于拓扑学很感兴趣。拓扑学研究的是图形在变化的时候(不撕开)的不变性质，在埃舍尔生活的时代，正是拓扑学方兴未艾的时候。莫比乌斯带或许是拓扑学最早的例子。这幅画用一个环形构成了一个奇妙的莫比乌斯带，仔细看，它确实只是一个环。

103. 莫比乌斯带(2)

沿着蚂蚁爬过的路线，你会发现这条带子只有一个面。而我们认识中的纸条或者纸带通常都会有正反两个面。这幅画是荷兰著名的视错觉画家埃舍尔1963年的木刻作品。这种形状不是一种错觉，它已经被应用到实际生活中，形状类似莫比乌斯带的传送带的使用寿命比普通传送带更长，因为这种传送带每个部位受到的磨损都一样。

104. 椭圆

这是一个不可能的图形，既可以看做躺着又可以看做是立着的，但整体上去看的时候，却都是有矛盾的。

105. 不可能的交叉

这是由两个不可能的椭圆交叉构成的不可能图形。我们仔细观察每个小椭圆，它本身就不可能存在，当然也不可能交叉成图中所示的形状。

第三篇　眼睛的幻觉

106. 网格错觉

你会发现你可以看到这些黑点，但是却数不出来，它们像是存在又像是不存在。当你整体去看时，它们在那里跳动，当你盯着某一点去看时，它们又不见了。这种现象是德国视觉科学家迈克尔·施若夫和 E.R.威斯特首先发现的。这种幻觉产生的原因目前还不十分清楚。

107. 闪烁的点

当我们转动眼球的时候就会发现那些原本是白点的地方出现了一些闪烁的黑点，而当你注视它的时候，它又不见了。

108. 幻觉产生幻觉

这幅精彩的幻觉图是英国视觉科学家、艺术家尼古拉斯·韦德创作的。在交叉部分我们能看到微弱的朦胧的白色小点。这些点又产生出一系列同心圆的印象。

109. BBC 墙板

这一图形来自一次偶然的观察。英国神经科学家麦凯是在 BBC 的一个录音室里第一次看到这个效果的：那位播音员被平行线柱之间的空白处上下跳动的黑点搞得很不耐烦。

110. 虚幻的圆

我们的大脑企图看到一些以前看过的规则图案，就像图中的这个圆，其实它并不存在，没有任何轮廓和边界。但我们的大脑还是会补完整它，以符合我们过去的经验。

111. 注意力幻觉

你会看到两个环会自转，而且当你的头部靠近或者远离它时，两个环旋转的方向也不相同。这幅图是由意大利视力科学家 B.皮娜和 G.格力斯塔夫在 1999 年发现的。尽管我们不能清楚地解释这幅幻觉图，但它很可能是由于视觉轮廓处理过程的一低水平机制的特殊性质而引起的。

112. 旋转斜线错觉

当你接近图片时，可以观察到中间的辐射线圆环逆时针转动。当你远离图片时，它们则顺时针转动。视觉科学家西蒙·戈里和盖·汉堡在德国弗赖堡大学时创作了这个旋转斜线错觉。

113. 麦凯射线

它的边缘会出现闪烁而且这些条纹会发生运动。本图是 1957 年，当时就职于英国伦敦国王学院神经科学家唐纳德·M.麦凯所作的。

114. 运动错觉

这是由欧普艺术家布里吉特·赖利创作的运动错觉图片，当观察者转动眼睛观看这个图案时，就会发现它快速地进行螺旋式运动。这一系列图片中，大部分运动错觉产生的潜在原因都是眼睛运动，包括明显的和细微的。

115. 旋转

这也是布里奇特·赖利的运动错觉。它作为对赖利的又一献礼，苏格兰邓迪大学的视觉科学家尼克·韦德创作了这幅画面上同时有流动和闪烁运动的作品。

116. 交通错觉

这是法国欧普艺术家以赛亚·勒维安特无意中将麦凯射线和 BBC 墙板结合到了经典的英格玛错觉中。当你注视这幅图时，这些紫色的同心圆环仿佛充满了飞快环形运动的粒子，好像无数的微小到几乎看不见的汽车拼命地绕着轨道行驶。这是因为在我们凝视的时候，眼球会发生无意识的细微颤动。

117. 水路螺旋

这是日本东京立命馆大学的视觉科学家北冈明佳，根据那些欧普艺术家们而设计出的"水路螺旋"。它是对勒维安特的英格玛错觉进行的"改版"。当你盯着中心看的时候，会发现蓝色螺旋纹上强烈的运动错觉。

118. 它动了吗

随着我们眼睛的运动，你会发现中间部分就像有个气泡要鼓出来一样。

119. 咖啡店幻觉

这幅图的作者是日本艺术家兼视觉科学家北冈明佳。中间看上去有些凸出，但却是在一个平面上。图中这些横竖排列的线都是直线，而且相互之间平行。也就是说每个小方格都是标准的正方形。这是每个小格中背景的不同角度造成的错觉。

120. 凯淘卡波

看上去这些横竖线条是上下或者左右弯曲的，其实它们都是直线，而且相互平行。

121. 棋子

这是一张错觉图片，中间部分看上去有点向外突出，而由黑白方块构成的横竖线条则向中间弯曲。其实这是你的眼睛在欺骗你，这个棋盘是在一个平面上，并不存在任何凹凸，而且所有的横竖线条和棋子都是处于平行线上，而不是我们所看到的那样是处于曲线状态。

122. 大内错觉

你会发现中间圆圈内和外面的背景互相独立地进行移动。德国弗赖堡大学视觉科学家洛萨·斯皮尔曼在浏览大内的《日本光学和几何学艺术》一书时，偶然见到这一错觉。之后，大内错觉被斯皮尔曼介绍到视觉科学界，并大受欢迎。

123. 放大

这也是一个大受欢迎的作品。它是大内错觉同时代的变体，由北冈创作。当你靠近它时，中间的部分会放大，当你远离它的时候，中间部分会缩小。

124. 帽针海胆

这也是由北冈创作的帽针海胆，当你上下左右移动眼球的时候，会发现这幅图呈放射状运动。它生动地显示出眼睛运动在感知这一动态错觉时的重要性。

125. 旋转

是的，这的确是一幅静态图片，但当我看它的时候，它竟然真的转动了起来。

126. 谁在动

当你的眼球转动的时候，你会发现它们竟然也在动。

127. 眩晕

这是一张静止的图片，但当我们看它的时候，它会给我们动起来的错觉。

128. 蠕动

这是一张静止的图片，但当我们看它的时候，它会给我们动起来的错觉。

129. 蛇

当你注视这幅图时，你会发现这四条蛇状的彩带竟然真的在动，神奇吧。

130. 摆动的麦穗

这是一张静止的图片，但当我们看它的时候，它会给我们动起来的错觉。

131. 微波荡漾

这是一张静止的图片，但当我们看它的时候，它会给我们动起来的错觉。

132. 转动

没错，它确实动了，尤其是四角处那些圆圈，在缓缓地转动。

133. 运动幻觉

是的，当你看它的时候，就会发现它开始缓缓地转动起来。当然这是不可能的，只是我们的眼睛在骗我们自己。

134. 运动

没错，你没看错，它确实在动。

135. 莫雷利特蒂雷茨幻觉

这幅图里隐藏着很多小圆圈，当你仔细观察的时候就会发现，每次你只能看到它们中的一部分，换个角度又可以看到另外一部分，所以才会有忽明忽暗的感觉。

136. 隐藏的圆圈

我们的大脑企图看到一些以前看过的规则图案，大脑还会补完整它，以符合过去的经验。所以上图中这种圆圈有很多，它们都是由虚点构成的，你却又不可能一次全部看见它们。

137. 静止还是运动

仔细观察这幅图，你就会发现这些条纹在不停地运动。

138. 方向余波

你会发现右边的条纹弯曲变形了，神奇吧。

139. 晃动的方格幻觉

这是一个定位对照幻觉的例子。是心理学家保罗·斯诺登和西门·沃特于1998 年发现了它。两个方格邻边的定位差异，很可能被视觉系统的神经连接部分夸大了。神经连接部分有时候强化了感知的差异，这有助于我们察觉细小的事物。

140. 转动的正方形

这是由于这些正方形交错倾斜，而我们的眼睛总是试图将它们纠正过来，所以就会形成它们在转动的错觉。

第四篇 观察角度

141. 隐藏的拿破仑

拿破仑像就藏在左边的那两棵树之间，两棵树之间的树干勾勒出了站立拿破仑的轮廓。据说这幅图形出现于拿破仑刚逝世后不久。

142. 婴儿

图中的那棵大树以及河岸、岩石共同勾勒出了一个躺着的婴儿形状。

143. 紫罗兰的脸

这些花和叶子在白色背景中勾勒出了三个人侧面像的轮廓，你找到了吗？它们分别在左面伸出的那朵花的下面，右面伸出的那片叶子下面还有图片中间位置，也就是最下面那朵花的左边。

144. 公园里的狮子

两棵树与它们之间的栏杆围成了这头狮子的大致轮廓。那个坐在河边的人的帽子就是狮子的鼻子。

145. 钓鱼

房子后面的松树和远处的山构成了一个钓鱼的人。

146. 多少个头像

据说高智商的人能看到九张脸，你找到了几个？正中心一个，脸和耳朵各有一个，拱形右侧一个侧面头像，拱形左侧那个小塔两侧各有一个人的侧面像，小塔左边还有一个正面像，塔尖那只鸟的右侧还有一个人的侧面像，而最后一个则在那个女人的怀里。

147. 脸

这幅图中的人像很明显，一共有 10 个，你都找到了吧？

148. 鲁宾的面孔

这幅图是德国心理学家爱德加·鲁宾设计出来的，其灵感来源于一张 19 世纪的智力玩具卡片。这幅图的神奇之处就在于花瓶和面孔这两种解读都能看得到。但是，在同一时刻，你只能看见面孔或只能看见花瓶。如果继续看，图形会自己调换以使你在面孔和花瓶之间选择。

149. 花瓶错觉

这个花瓶是以丹麦心理学家爱德加·鲁宾的著名的二维雕像地面幻觉为基础设计制作的。如果你把它放在黑色背景下，你就会发现花瓶的轮廓与黑色的背景构成了两个面对面的人形，而这两个人形就是伊丽莎白二世和她的丈夫菲利普亲王的脸部轮廓。

150. 栏杆中的人

这些人形就在每两个栏杆之间的空白区域。这类错觉最典型的是以两个或多个并排的柱状物的形式出现，而柱状物在背景中的轮廓则构成另一个新的图形。

151. 凯尼泽三角形

有时候，一些图像即使它们没有边缘和轮廓，我们也能发现它们。

152. 男人还是女人

如果我们看白色部分，那是女人的腿；而当我们看黑色部分时，出现的却是男人的腿。

153. 栏杆

栏杆中间的背景中藏着几个人影，你看到了吗？

154. 隐藏的单词

这些看似凌乱的黑块中间的白色背景构成了一个英文单词 LIFT，看到了吧。

155. 背景幻觉

当我们看黑色部分时，是排队下楼的人；而当我们在看白色部分时，则是两排上下的箭头。

156. 两套厨房用具

在这幅图中，我们能看到紫色和白色两套厨房用具。你找全了吗？

157. 鸟的规则平面镶嵌

这幅画也是荷兰著名的视错觉画家埃舍尔的作品。图中金色、蓝色和白色的鸟互为背景，填充了整个版面。

158. 爬虫的平面镶嵌

这幅画也是荷兰著名的视错觉画家埃舍尔的作品。它创作于 1939 年，三种颜色的爬虫镶嵌排列填满了整个平面。

159. 骑马人的规则平面镶嵌

这幅画也是荷兰著名的视错觉画家埃舍尔的作品。黑白两色的骑马的人互为背景，填满了整个画面。

160. 天鹅的规则平面镶嵌

这幅画也是荷兰著名的视错觉画家埃舍尔的作品。你在图中，既可以看到一群黑天鹅，又可以看到一群白天鹅，它们互为背景，填满了整个画面。

161. 释放

这幅画也是荷兰著名的视错觉画家埃舍尔的作品。它表现的是从黑白两色铺满平面的三角形逐步转变成镶嵌的飞鸟，再转变成飞鸟四处翱翔的过程。

162. 天鹅

这幅画是荷兰著名的视错觉画家埃舍尔于 1956 年的木刻作品。白天鹅和黑天鹅构成了一个莫比乌斯带，而且在中间交汇的地方黑白天鹅又互成背景，填满了整个平面。

163. 有鱼的球面

这幅画是荷兰著名的视错觉画家埃舍尔 1958 年的木刻作品。黑白两色的鱼形图案依旧互为背景，镶嵌在一起，但却不再是一个平面，而是铺满了整个球的表面。

164. 圆盘

这幅画也是荷兰著名的视错觉画家埃舍尔的作品。整个圆盘由四种颜色的鱼铺满。

165. 头像的平面镶嵌

这幅画也是荷兰著名的视错觉画家埃舍尔的作品。图中几种不同的头像镶嵌填满了整个平面。数一数，你能找到几个不同的头像？

166. 鱼的平面镶嵌

这幅画也是荷兰著名的视错觉画家埃舍尔的作品。黑白两色的鱼互为背景，填满了整个平面。

167. 融合

这幅画也是荷兰著名的视错觉画家埃舍尔的作品。左边是鱼和马的平面镶嵌，右边是鸟和羊的平面镶嵌，而马和羊又在中间融合为了一体。

168. 动物的平面镶嵌

这幅画也是荷兰著名的视错觉画家埃舍尔的作品。图中鸟、鱼、乌龟三种动物互为背景，铺满整个平面。

169. 天使与恶魔

这幅画也是荷兰著名的视错觉画家埃舍尔的作品。白色的天使和黑色的恶魔互为背景，铺满整个圆盘。

170. 爬虫的平面镶嵌

这幅画也是荷兰著名的视错觉画家埃舍尔的作品。黑白灰三色爬虫铺满了整个画面。

171. 不同动物的镶嵌

我们以前看到的镶嵌图形都是一种或者几种相同图案的规律镶嵌，而这幅图的特别之处就是镶嵌整个画面的动物各不相同，但它们却互为背景，完好地铺满了整个平面。

172. 怪物镶嵌

这幅画也是荷兰著名的视错觉画家埃舍尔的作品。图中有四个爬行的怪物，互为背景，你看到它们都在哪了吗？

173. 骑手

这幅画也是荷兰著名的视错觉画家埃舍尔 1946 年的版画作品。他将莫比乌斯带和图形的镶嵌结合在一起，创作了这幅画。通过莫比乌斯带将骑马人的方向反转过来，然后在中间部分让其与原来的人物之间形成镶嵌。

174. 老妇与少女

老妇和少女她们同时存在在于这幅图中，但你不可能同时看见她们。因为我们的大脑对同一静止图像赋予了不同的意义。你对每一种图形的知觉总是保持稳定，直到你的注意力转移到了别的区域或轮廓上去。

这张图片的原图印刷在德国的一张明信片，于 1888 年发行，是目前发现的最早的此类图片。这一图形后来被许多人改编过，其中两名著名的心理学家于 1930 年使用过这一图形，从此它开始闻名世界。

175. 萨克斯手与美女

如果你只看黑色部分，它是一个萨克斯手。如果你看后面的白色背景，它就是一个美女。

176. 圣·乔治和龙

中间圆圈处有个大大的圣·乔治的头像，而构成这个头像的头发却是骑马的圣·乔治在刺杀一条龙。

177. 海神尼普顿

这幅画是由瑞士艺术家桑德罗·戴尔·普瑞特创作。单独看每一处细节，分别画出了章鱼、船、海豚和水草等，但把它们组合起来，就形成了海神尼普顿的外形轮廓。这是一个意义颠倒幻觉的绝好例子。

178. 爱之花

这幅图除了是玫瑰花外，构成花瓣的还有一对情侣在拥吻。瑞士艺术家桑德罗·戴尔·普瑞特创作了这幅充满浪漫情调的、有歧义的、含义模棱两可的幻觉作品。

179. 舞者与手势

在瑞士艺术家桑德罗·戴尔·斯普瑞特创作的这幅有歧义的画中，手和舞者都呈现出优雅之态。

第五篇　立体思维

180. 内立克立方体组合幻觉

其实这里面的每个图形都可以看成两种状态，仔细观察你就会发现如何把它们颠倒过来了。

181. 错综复杂的图形

这幅图的作者是美国艺术家琼·米勒。正方形的面既可以看成朝上，也可以看成朝下。当你一直盯着看时，由于自相矛盾的深度线索它们会很容易地转向另一个方向。

182. 平面还是立体

当我们仔细看这幅图的时候，就会发现这些看似杂乱的三角形竟然可以看成是几个立体图形的面。正是这些明暗相间的颜色扩大了这种错觉。

183. 白方格在第几层

这幅图很容易让人看起来头晕，那两个白方格既可以被看成是在最顶层，也可以看成是最底层。

184. 上升的线

倾斜这页纸，用一只眼睛从纸的右下方看，你就会看到升起来的线。试试看吧！

185. 立体线幻觉

你会发现图中多出了一条竖线，就在这两条竖线的中间。你看到了吗？

186. 幻想

这幅画也是荷兰著名的视错觉画家埃舍尔的作品。事实上它只是一条带子，按照一定的规律缠绕在一起。但是我们的大脑不断地尽力将二维的图案转换成立体图案。

187. 球和影的错觉

我们对比一下两幅图就会看出，它们的位置是完全相同的。只是第二幅图中球的影子在一条水平线上，给人的感觉是这些球在影子正上方的空中，而第一幅图则是摆在棋盘上的。

188. 悬浮的花瓶

当然不会，它是放在地面上的，只不过在它的前面我们人为地做出一块"影子"，因此看起来像是在飘浮着的。这是因为在我们的视觉系统决定相对高度和深度时，影子是一条非常重要的线索。

189. 透视错觉

其实它们的大小和高度完全一致。但是在那四条放射线的衬托下，右侧的方块显得比左侧的要高一些。

190. 奇怪的门

看上去上面的"门"要高一些，其实它们是完全一样大小的。

191. 哪条线段更长

上图中线段 AB 和线段 CD 的长度其实是完全相等的，虽然它们看起来相差是那么大。

192. 隧道

看上去最后面的小个儿要高一些，其实它们三个是一样高的。

193. 恐怖的地下室

看上去后面那个比前面的要大很多，其实它们是一样大的。

194. 渐变

这幅画也是荷兰著名的视错觉画家埃舍尔的作品。上面从楼梯中跑下来的小男孩逐渐融入到图形下面的镶嵌图形中。它展现了一个从立体到平面的渐变过程。

195. 透视错误

上面的两个人无法对话；挂旗子的架子在两栋房子上；两个钓鱼人的鱼竿；

旗子不能被树挡住一半；乌鸦太大了；水面和天空的交界应该是平的；右侧的两个房子屋顶的角度不同；右下角男人站的地面地砖形状错误；中间那个水桶上下两面都可以看到；右边房子侧面的木板；桥上挡住马的树从哪长出来的；左下角的羊近处的反而小；上面山上路边的一排树近处的反而小；左边船后面的鹅比人还大……细节上的错误还有不少，我们就不一一指出了，留给大家自己发现吧。

196. 凸与凹

这幅画也是荷兰著名的视错觉画家埃舍尔的作品。他的作品利用人的视觉错误，让他的作品在三维空间里游戏。他的《凸与凹》、《上升和下降》、《观景楼》、《瀑布》等作品，以非常精巧考究的细节写实手法，生动地表达出各种荒谬的结果，几十年来，始终令人玩味无穷。

从这张画上你看到了什么？是一个外凸的贝壳状天花板饰物？还是地板上凹陷的贝壳形的盆？这取决于你认为辅助的光线来自何方。在你的视网膜上投射的影像可以有两种解释，凹或者凸。而这幅画中的很多细节都会让我们的大脑把事物一会看成是凹，一会看成是凸的。

这幅图还有一个特点就是，如果你一眼看过去，它好像是一个对称的图形。而左半部分的物体是凸的，右半部分通常会被看成是凹的。看一下垂直中线两边的吹笛人，就会感受到最为震撼的视觉冲击。埃舍尔本人对此解释道："画面中有两个吹笛子的人。左边的那个正对着一个小屋的屋顶，他可以从窗户里爬到这个屋顶，然后跳到小屋前面的黑色地板上。但是右边的那个吹笛手就不能爬出窗户，因为他下面有一个深不可测的深渊。"

其实我们辨认一个物体是凸还是凹都必须依赖某个参照物，如果参照物发生变化，所得的结果也会发生变化。最明显的例子就是画面下端趴着两只蜥蜴的台阶上。如果从左边那只蜥蜴看，台阶是正的，如果从右边那只蜥蜴看，台阶是倒的。画面的右上角挂着一幅旗帜，上面的多边形图案就说明了凸与凹这个主题。

类似的细节有很多，在此就不一一列举了，大家慢慢发现吧。

197. 小巷与宁静生活

这幅画也是荷兰著名的视错觉画家埃舍尔的作品。从上面看，这是一条小巷，而从下面看，却是一个人书桌的一角。我们根本看不到中间在哪里变换过来的。

198. 爬虫

这幅画也是荷兰著名的视错觉画家埃舍尔 1943 设计的版画作品《爬虫》。在画中，状似蜥蜴的爬虫，爬出平面拼图，登上精装书，行过三角尺，跃上十二面体，胜利地朝天喷气，转上钢杯，"疲倦但满足地回到对称的平面世界里"(埃舍尔语)。

199. 相遇

这幅画也是荷兰著名的视错觉画家埃舍尔的作品。后面背景中白色的人和黑色的怪物互为背景镶嵌在整个平面画中。它们又从两侧分别"走出来"直至相遇握手。

200. 月亮错觉

这两个球尽管看上去后面的要大很多，实际上它们是一样大的。有一种现象我们在日常生活中经常能看到，就是太阳早上看起来往往比中午的时候大一些。这种现象被叫做月亮错觉。月亮错觉就是虽然接近地面平视的圆月和当空仰视的圆月面积相等，而且在视网膜上形成的影也大小相同，但一般人总是觉得接近地面时的面积要大出 30%～50%。

201. 书

它既可以看成是正对着你，又可以看成是背对着你，这要看你的眼睛是怎样理解的。

202. 阴影

旋转图片之后所有形状一起发生改变，凹陷的球凸出，凸起的球凹陷。大脑利用许多线索确定一个二维图形的纵深度，其中一个线索就是阴影。正常情况下灯光来自上方。当图像被倒置之后，大脑会收到来自另一角度的光线指示，这样同样的阴影会对应不一样的形状。

203. 凹凸

这幅图由于四周不同颜色的背景，使得它看起来既可以是凹进去的，又可以是凸出来的。

204. 凸出来还是凹进去

它既可以看成是突出来的也可以看成凹进去的。

205. 深度错觉

这是因为现实中的立体物体，是以平面的形式反映在我们的视网膜上的。而我们的视觉系统强迫将一个感知到的平面的图形理解为一个立体的图形。然而，在视网膜上，不同的立体物体可能会有相同的平面图像。这时，视觉系统就会将平面图形感知为其中一个立体图形，也可能会感知为另一个。但是在同一时刻，你的大脑只能感觉到一种图像，而不可能同时感觉到两种图像。这就是我们总是感觉他们在不断变换位置的原因。

206. 找正确的图形

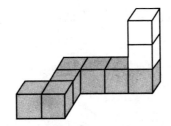

原图有七个立方体排列在一个平面上，请注意它们排列的相对位置(上图中深色的七个小立方体)，只有图 3 是相同的。

207. 立方体网格

只有第 3、5、7 可以组成立方体。

208. 骰子构图

解答：E。大家可以自己用纸片折一下试试看。

209. 骰子推理

解答：e。这是考察你的空间想象能力，b 的对面应该是 e。如果还不明白，你可以动手做一个骰子看看就知道了。

210. 盒子的图案

选择 a。大家可以自己用纸片折一下试试看。

211. 数字立方体

解答：B。大家可以自己用纸片折一下试试看。

212. 立方体

解答：C。大家可以自己用纸片折一下试试看。

213. 砖块

解答：C。大家可以自己用纸片折一下试试看。

214. 黑白盒子

解答：A。大家可以自己用纸片折一下试试看。

215. 方盒

解答：B。大家可以自己用纸片折一下试试看。

216. 折立方体

解答：B。大家可以自己用纸片折一下试试看。

217. 长方体盒子

解答：D。大家可以自己用纸片折一下试试看。

218. 折纸盒

解答：C。大家可以自己用纸片折一下试试看。

219. 折纸

解答：A。大家可以自己用纸片折一下试试看。

220. 不同的角度

解答：B。

分析：立方体砖块往右上方向旋转。

第六篇　变化规律

221. 灰色九宫格

解答：A。

分析：每一行都是从下到上有一、二、三个灰色方格。第一行在最左边，第二行在中间，第三行在最右边。

222. 特定的规律

解答：H。

分析：以中间格为中心对称。

223. 移动

解答：A。

分析：每一行的第一个图形和第三个图形合成第二个图形。

224. 变形

解答：C。

分析：竖线代表在竖直方向将图形拉伸，横线代表在水平方向拉伸，十字既有横线又有竖线，则竖直水平两个方向都拉伸。

225. 三条直线

解答：F。

分析：这九个图由三个单线、三个双线、三个三线构成。每行、每列更有一个单线、一个双线、一个三线，而且位置分别是横、竖、斜。

226. 移动的花瓣

解答：B。

分析：每一行的两个灰度格都逐渐向两边展开。

227. 奇怪的规律

解答：D。

分析：第一行的图形和第二行的图形合并，去点重复的笔画剩下的图形组成第三个图形。

228. 叠加

解答：E。

分析：每行第三列的图形有一个共同特点，就是外圈为当前行第二个图形，里面为下一行第一个图形(遇到下一行没有图形则从上面循环)。

229. 移动的方块

解答：F。

分析：中间的圆点不变，旁边的黑色方格按顺时针顺序逐格移动。

230. 复杂的图形

解答：C。

分析：每行的规律是将第三个图形放在第一个图形里面，形成第二个图形。

231. 两个方块

解答：E。

分析：两个黑色方格依此向后移动一格，当前行没有位置时，则在下一行中出现。

232. 三叶草

解答：D。

分析：每个图形中都有三个灰度格。九个图形中分成了三种，一种三个灰度格之间隔着两个白色格子，一种灰度格之间隔着一个白色格子，一种隔着三个白色格子。每行和每列三种图形各一个，且方向也是平均分配的。

233. 准星

解答：G。

分析：每一行都有一个完整的圆，将圆的边分成四等分的弧形，每向后移动一次，则四个弧形越向中间靠近，反之则离开。靠近或离开的幅度为使每一列中形成的圆形轮廓大小一致。

234. 黑与白

解答：A。

分析：九个图形除了第一个空白图之外，都是由实心圆、实心方块、空心圆、空心方块四个图案组成的，每个图形使用三次。有此即可得出答案。

235. 九点连线

解答：A。

分析：以中间的三个点为中心的"指针"依此顺时针旋转，形成下一幅图形。

236. 直线与折线

解答：H。

分析：将每行的前两幅图形重叠，重复的笔画去掉，剩余的笔画则构成第三幅图。

237. 图形组合

解答：G。

分析：每个图形都由两部分构成，一部分由正方形、圆形和十字构成，另一部分则由黑色的实心正方形、圆点和乘号构成。每种基本图形都出现三次。

238. 巧妙的组合

解答：A。

分析：将每行的第二幅图的边框与第一幅图内部图形的边框重合起来，构成的就是第三幅图。

239. 奇妙的变换

解答：D。

分析：将每一行第一幅图的左右两条直线变成向内凹的曲线构成第二幅图，再将第一幅图的左右两条直线变成向外凸的曲线构成第三幅图。

240. 四条线段

解答：E。

分析：将每一行第一幅图的右下角笔画旋转 90 度构成第二幅图；再将第二幅图的左上角笔画旋转 90 度构成第三幅图。

241. 黑点

解答：G。

分析：将每行前两个图形中圆圈内部或外部的小球数相加为第三个图中的内

部或外部小球数，如果小球有内有外，则内外抵消。

242. 直线与箭头

解答：C。

分析：将每行第一幅图以第二幅图为对称轴翻转，构成第三幅图。

243. 三色柱状图

解答：F。

分析：图为深度不同的柱状图，每种颜色的不同高度的柱分别有三个(比如黑色的一格的柱有三个，黑色的两格的柱有三个，黑色的三格的柱也应该有三个)，而且每行中，柱状图的方向分别为正、左、右。

244. 黑点与白点

解答：H。

分析：在第 2、4、5、7、10、12、13、15 格内依此出现黑色方块。一白一黑两个圆点依此向右移动。圆点每经过一次黑块则变换一次颜色。但在黑块遮盖下不显颜色，在下次移动到白色时显色。

245. 双色方块

解答：F。

分析：每行第一幅图要通过第二幅图的变换方式变成第三幅图的样子。第一行的变换方式为向上拉伸，第二行为顺时针旋转 45 度，第三行则为先拉伸再旋转。

246. 复杂的规律

解答：B。

分析：每行的变化规律为：将每格方块向右移一格(移出界的放下一行第一列；第三行的最后一个放第一行第一格)然后叉变圆，圆变三角，三角变叉。换行的时候(第三幅图变第四幅图和第六幅图变第七幅图时)直接将图形顺时针旋转90 度。

247. 组合关系

解答：D。

分析：每一行上面的图形不同，下面的相同，且每行上面两黑一白，下面两白一黑。

248. 位置关系

解答：C。

分析：每行的主要图形都相同，次要图形依此是星，空白和圆点，位置分别为左，空，右上。

249. 平移

解答：A。

分析：考虑每行的两个图形(第一行为正方形和十字)的位置关系，第一行为向右移动，第二行为向下移动，第三行应该为向左移动。

250. 带箭头的三角

解答：C。

分析：每一行都有这样的规律，第一个图案左右翻转得到第二个图案；第二个图案上下翻转得到第三个图案。

251. 跳舞的人

解答：D。

分析：观察每一行三个小人"手"、"身体"和"脚"的变化情况，即可得出答案。

252. 五角星

解答：A。

分析：每一行的三个图案中，星星数量都在逐渐减少。仔细观察的话还会发现，只有位于图案上侧的星星在减少，这样就能得到答案。

253. 复杂的规律

解答：A。

分析：数一下每个图案把平面分割的份数，第一行分别是 4、3、4 份，第二行分别是 2、4、5 份，也就是每一行一共有 11 份。再数一下第三行，即可知道答案为 A 选项。

254. 画方格

解答：A。

分析：如果横向的比较没有头绪的话，不如换个思路，看看竖向的三个纵列有什么规律。数一下每个图案上出露的小短线数量，第一列从上到下是 5、3、1，第二列从上到下是 7、9、11，可以看出都是等差数列。第三列的上面两个图案中出露短线的数量分别是 17 和 15，所以正确答案是出露了 13 根短线的 A 选项。

255. 螺旋线

解答：A。

分析：初看这个题目可能一时找不到分析的入手点，但仔细观察螺旋线的方向就可以找到规律。第一行的旋转曲线从外往里，分别呈顺时针方向、逆时针方向、顺时针方向。第二行则是逆时针方向、顺时针方向、逆时针方向。可以看到，每一行的第一格和第三格是方向相同的，第二格则方向相反。第三行前两格的图形分别是顺时针方向和逆时针方向，所以只有 A 选项的顺时针方向才符合这个规律。

256. 汉字规律

解答：B

分析：第一行三个字的笔画数是 5、6、7，第二行三个字的笔画数是 5、7、9，第三行三个字的笔画数是 4、5、6，都是等差数列。

257. 男人女人

解答：D

分析：每个图案都可以分解为"头"、"脸"、"身体"和"腿"四个部分。比较每一行图案的各个元素，即可得出正确答案。

258. 大头娃娃

解答：C

分析：比较每一行图案中的"耳朵"、"眼睛"、"嘴巴"三个元素，即可得出正确答案。

259. 日月星辰

解答：C

分析：比较每一行中的框架结构和小图标类型，可以得出正确答案是C。

260. 黑白图形

解答：D

分析：每一行的三幅图中，下面图案的外框都相同，上面小图案都不同。

261. 黑色方块

解答：B。

分析：可以看出，小黑方块的位置是唯一的线索。按顺时针依次观察外围的几个方格，可以发现，小黑方块的位置正好旋转了 90 度，也就是 B 选项。

262. 图形构成

解答：A。

分析：每一行短线段的位置是逆时针旋转的，只有 A 选项符合这个规律。

第七篇　逻辑顺序

263. 方块拼图

解答：B

分析：前四幅图表现出的规律是左侧的小长方形依次向右移动，移动到最右侧后，此时位于最左侧的长方形按这个规律向右移动，就是 B 选项。

264. 简单的规则

解答：A

分析：全部都是闭合的图形。

265. 找共同点

解答：D。

分析：上图五个图案看不出什么变化的规律，但都是由曲线组成的。

266. 放大与缩小

解答：C。

分析：前一幅图在里边的图案作为下一幅图在外边的图案。

267. 螺旋曲线

解答：D。

分析：每个图形都有 5 个交点。

268. 三色方格

解答：A

分析：把第一个图案的第一排移到第二排，再移到第三排；第二排移到第三排，再移到第四排；第三排移到第四排，再移到第一排。

269. 折线

解答：A。

分析：把正方形中间的线分为两个部分观察。可以看出，上半部分的短线是逆时针旋转，每次旋转 45°；下半部分顺时针旋转，每次旋转 90°。按照这个规律，下一幅图的两根短线正好重合，也就是 A 选项所示。

270. 箭头规律

解答：C

分析：箭头上下两边的斜短线依次交替增加。

271. 钉木板

解答：A。

分析：只有朝外的角上才有点。

272. 三角和圆圈

解答：A。

分析：把五个图案联系起来看就能发现是以第三幅图案为轴上下对称的。

273. 砖头

解答：D。

分析：五个图案是以第三幅图案为中心上下对称的。

274. 直线三角圆圈

解答：A。

分析：初看似乎没什么规律，但数一下每个图案里小图标的数量呢？没错，规律很简单，每个图案里有 5 个小图标，所以答案是 A 选项。

275. 直线与椭圆

解答：A。

分析：数一下图案中元素数量的话，可以发现一个简单的规律，4-3-1-3-4。

276. 构成元素

解答：A。

分析：数一下每个图案里图标的数量，可以发现一个简单递增关系。

277. 小图标

解答：A。

分析：从图案的形状黑白等方面来看的话，上图的四幅图似乎没有什么规律，但数一下每一幅图案中图标的数量可以看出一个简单的规律：每个图案中都有四个小图标。所以只有 A 选项符合。

278. 斜线

解答：D。

分析：很简单的规律，四条斜线依次消失。

279. 圆点

解答：D

分析：第一项除以第二项等于第三项，每个连续三项都有这个规律。

280. 圆与方块

解答：D

分析：圆圈的数量乘以 2，加上方块的数量，都等于 8。

281. 直线与黑点

解答：A

分析：直线下的圆圈数乘以 2 再加上直线上的圆圈数都等于 8。

282. 阳春白雪

解答：A

分析：每个字的笔画数递增。

283. 黑白方格

解答：B

分析：每一列都向下移动，从上侧滚动出现循环。

284. 上下平衡

解答：D

分析：横线上下小图案的位置变化循环。

285. 移动竖条

解答：C

分析：每根竖条按照它上面标的数字来移动，标"1"的每次向下移动 1 格，标"2"的每次向下移动 2 格……向下移出范围了就从上边出现。这样第四次移动后，所有的竖条都出现在第五条的位置，也就是 C 选项。

286. 雪花

解答：A

分析：小球的位置按照逆时针方向旋转，小球的颜色交替变化。

287. 双色板

解答：D

分析：首先根据黑色长方形的旋转规律可以排除掉 A 选项。然后两个小圆圈有什么规律呢？白圆圈是在顺时针方向旋转，第四个图案中应该处在右下角的白圆圈被黑圆圈挡住了；黑圆圈的位置则是在左上角和右下角来回变化，第二、第三个图案中的黑圆圈被黑色长方形挡住了。按这个规律，接下来的图案应该是 D 选项。

288. 奇妙的图形

解答：C

分析：把上图的每个图案从中间对分，就是阿拉伯数字的"1、2、3、4"，而 C 选项的图案是两个"5"组成的。

289. 巧妙的变化

解答：B

分析：前四个图形分别是倒过来的英文字母"A"、"B"、"C"、"D"，答案自然是倒过来的"E"了。

290. 线条与汉字

解答：B

分析：杂乱的线条和汉字之间有什么联系呢？数一下上边四个图案各自最少能用几笔画出来，1、2、3、2，所以答案是能用一笔连着写完的"红"字。

291. 图标组合

解答：D

分析：每幅图都由三个不同的图标组成。

292. 共同的特点

解答：C

分析：都既是轴对称图形又是中心对称图形。

293. 卫星

解答：C

分析：小圆顺时针旋转 45 度，而线条是逆时针旋转 45 度，空心代表 2，横线代表 1，实心代表 0。外面的圆圈与里面的线条数总和不变。

294. 缺口的田字

解答：B

分析：前两个图案重叠起来变成第三个图案，第四、第五个图案叠起来也变成第三个图案。

295. 缺口

解答：A。

分析：上下两个"缺口"分别以逆时针为方向扩大。

296. 简化

解答：B。

分析：依次去掉斜线外面的方框。

297. 旋转的角度

解答：B。

分析：题干中的四个图案都可以通过旋转一定角度变成一个正立的"S"，选项中只有 B 项的图案满足这个条件。

298. 分割的正方形

解答：C。
分析：图案顺时针旋转。

299. 灰色半圆

解答：D。
分析：图案顺时针旋转，同时黑白两球的位置不停相互变换。

300. 椭圆阵列

解答：C。
分析：顺时针地依次移走 4 个中间的小圆圈。

301. 美丽的图形

解答：B。

分析：题中的四个图案都是中心对称的，也就是图案以中心旋转 180 度后和原来重叠，选项中只有 B 符合这个规律。

302. 遮挡

解答：D。

分析：题中四个图案都是由两个上下对称的图案重叠遮挡组成的，只有 D 选项符合这个规律。

303. 旋转的扇形

解答：D。
分析：阴影先逆时针三格，再顺时针一格。

304. 双层图案

解答：D。
分析：图内的小图案在进行顺时针旋转。

305. 有什么规律

解答：D。

分析：以第三个图案为中心，左右两边的图案互相颠倒。

306. 贪吃蛇

解答：A。

分析：整体的圆圈顺时针旋转，黑色圆圈的数量逐渐增多。

307. 转弯的箭头

解答：A。

分析：图形逆时针旋转。

308. 奇怪的变换

解答：C。

分析：每个图形中直线的条数分别为1、2、3、4。故选C。

309. 角度

解答：B。

分析：两条线的夹角度数依次增加45度，选B。

310. 分支

解答：C。

分析：每个图形中直线的条数分别为1、3、5、7。故选C。

311. 延伸

解答：C。

分析：两个端点分别继续延伸，故选C。

312. 嵌套

解答：D。

分析：每一层的开口旋转规律各不相同(中间一层为上下交替，外层顺时针旋转，内层逆时针旋转)，所以选D。

313. 骰子对比

解答：C。

分析：根据前两个图的位置关系可知第三个图的正面为十字，并由上下面关系可知，选C。

第八篇 观察对比

314. 图形组合

解答：D。

分析：比较上下两幅图，可以看出把上图的每个图案对分，再旋转 90°，就得到了下图的图案。

315. 角度

解答：D。

分析：上图可以看作是一个角逐渐张开，下图可以看作是一个多边形逐渐增加边的数目。

316. 直线与曲线

解答：C。

分析：上图的三个图案都是由一段折线和一段弧线组成的，而且折线的段数依次增加。下图的三个图案都是由一个圆和一个多边形组成的，而且多边形的边数逐渐增加。

317. 多边形

解答：C。

分析：观察第二行图的前两个图案可以发现，外侧的两个多边形是同方向的，最里边的多边形则旋转了一个角度。选项里只有 C 是符合这个规律的。

318. 有趣的方格

解答：C。

分析：如果把上下两幅图的图案分别比较一下就能看出一个简单的对应关系，小于号对应圆圈，方块对应三角形，斜线对应横线。这样即可知道答案是 C 选项。

319. 奇怪的规律

解答：B。

分析：上下两幅图中都有长方形、平行四边形、三角形；第一个图案的圆在外面，第二个图案中没有圆，第三个图案的圆在里面。

320. 涂黑的三角形

解答：A。

分析：比较上图前两个图案的八个小三角形，如果相同就涂黑，如果不同就涂白，这样就得到了上图的第三个图案。相同的方法处理下图的前两个图案，得到的图形如 A 选项所示。

321. 五角星

解答：D。

分析：把每一行前两个图案重叠起来，删掉重复的线段，就得到了第三个图案。

322. 汉字有规律

解答：A。

分析：粗看没什么规律，仔细观察可以发现，上图的三个字都含有"土"，下图的三个字都含有"又"。

323. 字母也疯狂

解答：A。

分析：第一幅图的三个字母是小写—大写—小写，第二幅图的三个字母是大写—小写—大写。

324. 组合的规律

解答：A。

分析：上图的规律是把一幅图案外侧的多边形缩小到图案的最里边得到下一幅图案。按照这个规律，下图的第三幅图案应该是 A 选项。

325. 复杂的图形

解答：C。

分析：从上图看，先是方框里有一个三角形，然后方框消失，三角形里一个圆圈，最后三角形消失，圆圈里有一个方框。这种循环的变化类比到下图可以发现，先是雪花在星星的左边，然后雪花消失，五角星在花瓣的左边，那么第三幅图案就应该是五角星消失，花瓣在雪花的左边，也就是 C 选项。

326. 没规律的线条

解答：D。

分析：上图的三个图案都是轴对称的，下图的三个图案都是中心对称的。

327. 圆圈与三角

解答：C。

分析：上下两幅图的三个图案都是以中间的图案对称的。

328. 汉字的规律

解答：C。

分析：上下两幅图的三个字互相之间都有结构上的相似。

329. 奇妙的规律

解答：C。

分析：上下两幅图中，第二个图案的三条线段分别和第一个图案三角形的三条边垂直，第三个图案的三条线段分别和三角形的三条边平行。

330. 三角形

解答：B。

分析：上图的第一、第二两个图案中都有第三个图案；下图的第一、第二两个图案中都有一个直角三角形，也就是 B 选项。

331. 组合的图形

解答：B

分析：把第一、第二两幅图案的下半部分重叠起来，就变成了第三幅图案。

332. 花瓣图形

解答：A。

分析：上下两图对比可以看出相似性，把上图三个图案中的直线变成曲线，曲线变成直线，就一一对应到下图的三个图案。

333. 简单的规律

解答：D。

分析：上图三个图案的底下都有一条横线，下图三个图案的顶部也都有一条直线。

334. 复杂的图形

解答：D。

分析：上下两图的三个图案一一对比可以发现，下图的图案都含有上图的构成元素。

335. 小圆圈

解答：B。

分析：下图图案中的顶点分布和上图中圆圈的分布一样。

336. 图形对比

解答：C。

分析：上下两图的三个图案一一对比可以发现，把上图的曲线换成直线，直线换成曲线，就变成了下图。圆可以看作是由三个圆弧组成的。

337. 星光闪闪

解答：A。

分析：每套图中只有一种小图案是出现两次的。

338. 直线组合

解答：C。

分析：先在第一幅图的上下各加一条横线，再在第二幅图的上下各加一条竖线。

339. 对应关系

解答：B。

分析：上图的每一个幅图中的各个元素都在下图中出现一次。

340. 直线与弧线

解答：C。

分析：都是由两条直线和两条弯曲方向一致的曲线组成的。

341. 递增的折线

解答：B。

分析：上下两图都是逐渐变化的。

342. 轮廓

解答：D。

分析：把上图里每一幅图的左右两边往里翻转就变成了下图。

343. 切割图形

解答：C。

分析：下图斜线的方向和上图一致，而且保持是两条。

344. 跳舞的孩子

解答：D。

分析：下图三个图形中的"身体"和"脚"都没有重复。

345. 三角与扇形

解答：A。

分析：把上图三角形的斜边变成圆弧，就成了下图。

346. 直线和曲线

解答：D。

分析：上下两图一一对应，上图的直线变成弧线。

347. 圆与正方形

解答：C。

分析：从上图可以看出规律是图形从小到大的变化，下图是图形从大到小的变化。

348. 线段与圆圈

解答：A。

分析：从上图可以看出规律是相同图形缩小后的叠加。

349. 字母逻辑

解答：A。

分析：第一行图形中的三个图形都是由两条线段组成的，第二行图形中的三个图形都是由三条线段组成的。

350. 三条线段

解答：C。

分析：第一行图形中三个图形的笔画分别为 1、2、3 画，且方向相同。选项中只有 C 满足这个规律。

351. 曲线

解答：D。

分析：上图的三个图案中，直线段和弧线段只有一个交点；下图的三个图案中则都有两个交点。

352. 直线

解答：C。

分析：上图的图案都是三条线段组成的，下图的图案都是四条线段组成的。

353. 什么规律

解答：B。

分析：看似复杂的图案规律其实很简单。第一幅图三个图案中的黑点数量是 2、4、6，第二幅图三个图案中的黑点数量是 4、6、8。

354. 复杂曲线

解答：B。

分析：上图的三个图案都是由三段线组成的，下图的三个图案则都是由四段线组成的。

355. 折线与直线

解答：B。

分析：每个图案都是由三条直线段或折线段组成的。

356. 括号

解答：D。

分析：上图三个图案的笔画数分别是 4、3、2 画，下图三个图案的笔画数分别是 5、3、1 画，都是等差数列。

357. 文字规律

解答：B。

分析：上图三个字的笔画数分别是 4、5、6 画，下图三个字的笔画数分别是 2、3、4 画，都是等差数列。

358. 找规律

解答：C。

分析：上图都是三个笔画，下图都是四个笔画。

359. 涂色

解答：A。

分析：每行前两个图形进行比较，相同则第三个图形中为黑色，不同则第三个图形中为白色。

360. 简单的图形

解答：C。

分析：上图图案的边数分别是 3、4、5，下图则分别是 4、5、6，都是等差数列。

361. 星形图案

解答：C。

分析：上图三个图案的边数分是 8、16、32，下图的则是 1、2、4，都是等比数列。

362. 切割

解答：B。

分析：上图三个图形的内角数分别是 6、7、8；下图前两个图形的内角数分别是 9、10，只有 B 选项的内角数是 11 个。

363. 线段的规律

解答：D

分析：组成上图三个图案的线段数分别是 4、3、2；下图前两个图案的线段数是 5、4，所以答案是 3 条线段组成的 D 选项。

364. 金字塔

解答：A

分析：把下图每一层的图案类比到上图就可以看出规律了。

365. 奇怪图形

解答：D

分析：上边各图中图案的数量分别是 2、4、8，是等比数列；下边各图中图案的数量则是 1、3、9 的等比数列。

366. 超复杂图形

解答：A

分析：数一下每幅图中图案的类型数量可以发现，上图是 2、4、6，下图是 1、3、5。

367. 神奇的规律

解答：C

分析：都是一笔画图形。

368. 线段组合

解答：A

分析：上图三个图案分别是由 2、3、4 条线段组成的，下图则是 5、6、7。

369. 分割火炬

解答：B

分析：上下两图中直线和图形的交点数量都呈现递减的规律。

370. 圆圈方块

解答：B

分析：圆圈的数量逐渐增加，方框的数量逐渐减少。

371. 黑白点游戏

解答：B

分析：黑色圆圈依次增加，白色圆圈依次减少且顺时针旋转。

372. 方格阵列

解答：D

分析：上图都由五个小正方形组成，下图都由六个小正方形组成。

373. 曲线组合

解答：A

分析：上下两图都由四个元素构成，选项中只有 A 项满足。

374. 带斜线的三角

解答：C

分析：上图的规律是第一个图案上方的三角形分别连续往下翻转两次，构成第二、第三两幅图。下图则是第一个图案上方的两个三角形一起往下连续翻转。

375. 变换的梯形

解答：B

分析：把上图第一个图案的梯形看成是由左右两个直角梯形组成的，这两个小梯形相向运动重合再分开就分别形成第二、第三两个图形。把下图的第一个图案也如此分开，就能得出答案。

376. 多重箭头

解答：D

分析：上图的规律有两个，一个是有小短线的三角形在顺时针旋转；另一个是小短线的数量依次增加。按照这个规律，下图的第三个图形应该是三个箭头，方向向上，也就是 D 选项。

377. 黑白图案

解答：A

分析：上下两幅图对比一下，第一个图案都是黑白两色的，第二个图案都是黑色的，第三个图案应该都是白色的。只有 A 满足这个规律。

378. 笑脸

解答：A

分析：每个图案由头发、脸、眼睛嘴巴三个元素组成。分别比较下图和上图中的这三个元素，发现下图的第三个图案只能是 A 选项。

379. 双色拼图

解答：A

分析：第一个和第三个图案的形状上下对称，上下两图黑白颜色的位置相互对应。

380. 线条的规律

解答：B

分析：尽管没有什么笔画数上的规律，但所有图案都是可以用"一笔画"来完成的。

381. 斜线

解答：A

分析：比较上下两图的斜线方向，可以知道答案是 A 选项。

382. 立体图

解答：A

分析：这题需要一定的立体几何学知识。从上图可以看出，第二个图案的体积是第一个图案的一半，而第三个图案的体积是第一个图案的三分之一。选项中只有 A 选项的体积是下图第一个图案的三分之一。

383. 阴影图形

解答：B

分析：把上图每个图案中原本在外面的图形放到里面，再把图案的顺序颠倒一下，就变成了下图。

384. 另类箭头

解答：C

分析：上图是逆时针转，每转 90 度在下面加一横；下图是从有小圆的 90 度扇形开始逆时针旋转，每旋转一次，每个扇形内加一个小圆。

385. 移动

解答：B

分析：上图明显是一条线段在两条直线间逐渐往上移动；下图可以看作是一个"十"字在一个方框里逐渐上移。

386. 小圆点

解答：D

分析：上图的三个图案中分别有 5、1、3 个小点，是三个不同的奇数；下图则应该有 2、6、4 个小点，所以选择 D 选项。

387. 阴影的共性

解答：A

分析：上下两图的各个图形中，两块阴影部分的面积都是相等的。

388. 缺口的大小

解答：B

分析：第一个图形减去第二个图形得到第三个图形。

389. 组合花瓣

解答：B
分析：前两个图形相叠加得到第三个图形。

390. 相交的直线

解答：A
分析：前两个图形重叠得到第三个图形。

391. 黑白格子

解答：B
分析：把第一幅图的三个图案重叠起来正好是一个完整的黑色长方形，把第二幅图的前两个图案和 B 选项的图案重叠起来正好是一个完整的黑色梯形。

392. 找找规律

解答：C
分析：把前两个图案重叠后，去掉重复的线段就得到了第三个图案。

393. 四角星

解答：B
分析：把前两个图案重叠在一起就得到了第三个图案。

394. 黑白网格

解答：B
分析：把前两个图案重叠，删除掉重复的阴影就得到了第三个图案。

395. 填什么图形

解答：D
分析：把前两个图案重叠起来就得到了第三个图案。

396. 十字与三角

解答：C
分析：第一、第二两幅图重叠起来，删除重复的部分，就得到了第三幅图。

397. 黑白格

解答：D
分析：把三个图案重叠起来，阴影部分正好完成覆盖住整个图形。

398. 花瓣和星星

解答：A

分析：第一、第二两幅图重叠起来就变成了第三幅图。

399. 心形图案

解答：C

分析：第一幅图去掉第二幅图就变成了第三幅图。

400. 放射

解答：B

分析：第一、第二幅图重叠后，去掉重复的部分，就变成了第三幅图。